ASSASSINAS EM CENA
A CONSTRUÇÃO AUDIOVISUAL DOS CASOS MATSUNAGA E RICHTHOFEN

Editora Appris Ltda.
1.ª Edição - Copyright© 2024 da autora
Direitos de Edição Reservados à Editora Appris Ltda.

Nenhuma parte desta obra poderá ser utilizada indevidamente, sem estar de acordo com a Lei nº 9.610/98. Se incorreções forem encontradas, serão de exclusiva responsabilidade de seus organizadores. Foi realizado o Depósito Legal na Fundação Biblioteca Nacional, de acordo com as Leis nos 10.994, de 14/12/2004, e 12.192, de 14/01/2010.

Catalogação na Fonte
Elaborado por: Dayanne Leal Souza
Bibliotecária CRB 9/2162

B236a	Barbieri, Julia Beatriz Giaccheto
	Assassinas em cena: a construção audiovisual dos casos Matsunaga e Richthofen / Julia Beatriz Giaccheto Barbieri. – 1. ed. – Curitiba: Appris, 2024.
	131 p. : il. ; 23 cm. – (Coleção Ciências Sociais).
	Inclui bibliografias.
	ISBN 978-65-250-6764-3
	1. Mulheres assassinas. 2. Análise fílmica. 3. Caso Richthofen. 4. Caso Matsunaga. 5. Questões de gênero. I. Barbieri, Julia Beatriz Giaccheto. II. Título. III. Série.
	CDD – 364

Livro de acordo com a normalização técnica da ABNT

Appris editora

Editora e Livraria Appris Ltda.
Av. Manoel Ribas, 2265 – Mercês
Curitiba/PR – CEP: 80810-002
Tel. (41) 3156 - 4731
www.editoraappris.com.br

Printed in Brazil
Impresso no Brasil

Julia Beatriz Giaccheto Barbieri

ASSASSINAS EM CENA
A CONSTRUÇÃO AUDIOVISUAL DOS CASOS MATSUNAGA E RICHTHOFEN

Appris
editora

Curitiba, PR

2024

FICHA TÉCNICA

EDITORIAL
Augusto Coelho
Sara C. de Andrade Coelho

COMITÊ EDITORIAL
Ana El Achkar (Universo/RJ)
Andréa Barbosa Gouveia (UFPR)
Antonio Evangelista de Souza Netto (PUC-SP)
Belinda Cunha (UFPB)
Délton Winter de Carvalho (FMP)
Edson da Silva (UFVJM)
Eliete Correia dos Santos (UEPB)
Erineu Foerste (Ufes)
Fabiano Santos (UERJ-IESP)
Francinete Fernandes de Sousa (UEPB)
Francisco Carlos Duarte (PUCPR)
Francisco de Assis (Fiam-Faam-SP-Brasil)
Gláucia Figueiredo (UNIPAMPA/ UDELAR)
Jacques de Lima Ferreira (UNOESC)
Jean Carlos Gonçalves (UFPR)
José Wálter Nunes (UnB)
Junia de Vilhena (PUC-RIO)

Lucas Mesquita (UNILA)
Márcia Gonçalves (Unitau)
Maria Aparecida Barbosa (USP)
Maria Margarida de Andrade (Umack)
Marilda A. Behrens (PUCPR)
Marília Andrade Torales Campos (UFPR)
Marli Caetano
Patrícia L. Torres (PUCPR)
Paula Costa Mosca Macedo (UNIFESP)
Ramon Blanco (UNILA)
Roberta Ecleide Kelly (NEPE)
Roque Ismael da Costa Güllich (UFFS)
Sergio Gomes (UFRJ)
Tiago Gagliano Pinto Alberto (PUCPR)
Toni Reis (UP)
Valdomiro de Oliveira (UFPR)

SUPERVISORA EDITORIAL
Renata C. Lopes

PRODUÇÃO EDITORIAL
Bruna Holmen

REVISÃO
Viviane Maria Maffessoni

DIAGRAMAÇÃO
Amélia Lopes

CAPA
Daniela Baumguertner

REVISÃO DE PROVA
Sabrina Costa

COMITÊ CIENTÍFICO DA COLEÇÃO CIÊNCIAS SOCIAIS

DIREÇÃO CIENTÍFICA
Fabiano Santos (UERJ-IESP)

CONSULTORES
Alícia Ferreira Gonçalves (UFPB)
Artur Perrusi (UFPB)
Carlos Xavier de Azevedo Netto (UFPB)
Charles Pessanha (UFRJ)
Flávio Munhoz Sofiati (UFG)
Elisandro Pires Frigo (UFPR-Palotina)
Gabriel Augusto Miranda Setti (UnB)
Helcimara de Souza Telles (UFMG)
Iraneide Soares da Silva (UFC-UFPI)
João Feres Junior (Uerj)

Jordão Horta Nunes (UFG)
José Henrique Artigas de Godoy (UFPB)
Josilene Pinheiro Mariz (UFCG)
Leticia Andrade (UEMS)
Luiz Gonzaga Teixeira (USP)
Marcelo Almeida Peloggio (UFC)
Maurício Novaes Souza (IF Sudeste-MG)
Michelle Sato Frigo (UFPR-Palotina)
Revalino Freitas (UFG)
Simone Wolff (UEL)

Aos meus pais e à minha irmã, por todo amor e apoio.

AGRADECIMENTOS

Agradeço ao meu orientador, Túlio Cunha Rossi, pela paciência, pelo incentivo, pelos questionamentos pertinentes e por todo auxílio que me foi dado nessa caminhada em busca dos meus sonhos.

O presente trabalho foi realizado com apoio da Coordenação de Aperfeiçoamento de Pessoal de Nível Superior - Brasil (Capes) - Código de Financiamento 001.

SUMÁRIO

INTRODUÇÃO 11

1
RELAÇÕES DE GÊNERO E MULHERES ASSASSINAS......................21
    1.1 A CONSTRUÇÃO HISTÓRICA DA PERVERSIDADE FEMININA 23
    1.2 ESTATÍSTICAS SOBRE A CRIMINALIDADE FEMININA NO BRASIL........... 32
    1.3 AS MULHERES ASSASSINAS.. 34

2
ERA UMA VEZ UM CRIME: ELIZE MATSUNAGA 45
    2.1 ESTADO CIVIL: VIÚVA 46
    2.2 UMA VIDA DE PRINCESA 59
    2.3 A INFELIZ IDEIA DE ELIZE... 66
    2.4 OS ECOS DO CRIME 71

3
A MENINA QUE MATOU OS PAIS /
O MENINO QUE MATOU MEUS PAIS 81
    3.1 A MENINA QUE MATOU OS PAIS 82
    3.2 O MENINO QUE MATOU MEUS PAIS...................................... 102

CONSIDERAÇÕES FINAIS...119

REFERÊNCIAS 125

INTRODUÇÃO

A pesquisa intenta explorar as construções midiáticas que cercam a figura da mulher assassina. A análise é feita a partir de produções nacionais sobre alguns crimes que ocorreram no país e embasada em amplo material bibliográfico sobre gênero, sociologia do cinema e mulheres criminosas. Compreender o papel ativo de mulheres em crimes que atentam contra a vida é importante para retirá-las do papel de passividade e incapacidade que constantemente lhes são impostos pela sociedade.

Para a pesquisa é importante considerar que na sociedade brasileira os incidentes em que as mulheres são vítimas de crimes violentos, seja assassinato, sequestro ou estupro, são recorrentes. Desse modo, a figura feminina frequentemente aparece como vítima em potencial, sobretudo devido a sua suposta fragilidade. Em alguns casos, entretanto, demonstram mulheres como autoras de assassinatos. Fazendo um breve recorte de alguns casos brasileiros ocorridos no século XXI que ganharam projeção midiática, temos: 1) Suzane Louise von Richthofen, acusada de ser a mandante do assassinato dos pais em 2002; 2) Elize Araújo Kitano Matsunaga, acusada de matar o marido em 2012; 3) Flordelis dos Santos Souza, deputada federal e pastora, acusada de ser a mandante do assassinato do seu marido, o pastor Anderson do Carmo, que ocorreu em 2019.

A partir desses casos, é possível notar que as mulheres podem assumir papéis ativos em assassinatos. Embora a percepção aparentemente dominante no imaginário coletivo seja de que mulheres seriam inofensivas e incapazes de realizar crimes com requintes de crueldade, os casos anteriormente citados contrariam tal percepção.

Os casos Matsunaga e Richthofen são marcados pela presença de jovens mulheres brancas que vitimaram seus familiares abastados. Podemos inferir que os delitos de Elize e de Suzane foram considerados relevantes para a opinião pública brasileira, já que a repercussão midiática não cessou após a condenação das criminosas, como é demonstrado pela criação de produções audiovisuais sobre os casos. Desse modo, considerando a questão de gênero na criminologia, torna-se necessário realizar um estudo em que o foco seja a repercussão midiática da mulher assassina, bem como a construção da figura "mulher assassina" no imaginário coletivo da população brasileira.

Pretendeu-se com esta pesquisa um estudo sobre a cultura brasileira, a sociedade contemporânea e os aspectos estruturais que contribuem para a perpetuação da dualidade feminina – a mulher boa e a mulher má, a mãe e a megera –, sobretudo nas condenações destinadas às mulheres, já que a construção de personagens – reais ou fictícios – é baseada nos aspectos representativos em voga na sociedade.

Segundo Michelet (*apud* Perrot, 1995, p. 14):

> Contudo, associando as mulheres à Natureza e os homens à Cultura, reproduz a ideologia dominante do seu tempo. Segundo ele, a natureza feminina tem dois pólos, um branco e um negro: de um lado, a maternidade, o doméstico; de outro, a superstição, a crueldade, o sangue, a loucura, a histeria. Que as mulheres se ajustem no primeiro pólo, tudo bem. São dessa maneira, a pura encarnação do Povo generoso. Inclinando-se elas na direção do segundo, a história perde suas leis e as catástrofes se sucedem.

As mulheres que se situam no segundo polo apresentam uma ameaça para o sistema ideal de "como ser mulher" e, por isso, sua conduta deve ser corrigida, geralmente por meio de punições e instituições totais (Goffman, 1987), mas é possível que também ocorra um ocultamento histórico dos "maus exemplos" femininos. Ademais, de acordo com Frantz Fanon (*apud* Taylor, 1998), a arma dos dominantes é a imposição da imagem subjugada dos dominados aos próprios dominados.

Embora os estudos sobre feminicídio e crimes contra as mulheres sejam de suma relevância, é importante considerarmos também, para a história das mulheres, a problemática dos crimes cometidos por mulheres, isto é, da mulher criminosa, e analisá-los criticamente, principalmente no que diz respeito à imagem socialmente representada dessas mulheres e os arquétipos a elas atribuídos. Esse exercício pode contribuir para a desmistificação da mulher que comete crime como ser abjeto da sociedade.

Ademais, de acordo com Weigert e Carvalho (2020), historicamente a análise da criminalidade feminina elaborou tipos criminológicos da mulher criminosa – a criminosa-nata, a prostituta, as loucas, as epiléticas e as histéricas. Para os autores, "[...] a associação desta espécie de enfermidade mental ao sexo feminino, irá, gradualmente, vincular às mulheres criminosas também o estigma de louca." (Weigert; Carvalho, 2020, p. 1789).

Os autores ainda afirmam que,

> [...] ao mesmo tempo em que são invisibilizadas no sistema penal em decorrência da baixa incidência de crimes, a resposta fornecida pelas ciências criminais (âmbito científico) e pelas agências do Estado Penal (esfera político- criminal) é amplificada, pois conjuga práticas punitivas e psiquiátricas a partir deste diagnóstico que combina doença mental/ delito/gênero (Weigert; Carvalho, 2020, p. 1789).

Os autores afirmam que a criação de tipologias criminais é útil para afirmar privilégios e justificar desigualdades. Ademais, Weigert e Carvalho (2020) também abordam a problemática do caráter masculino das instituições penais e sobre a necessidade de uma reforma institucional que garanta os direitos próprios das mulheres, que estabeleçam melhorias para a dignidade feminina. Esses temas são muito importantes para a criminologia, mas não nos dedicaremos a eles, uma vez que a pesquisa se propõe a ser um estudo sobre produções audiovisuais e, de modo geral, não visa realizar investigações ou considerações mais aprofundadas sobre a criminologia.

De modo geral, os livros que abordam as mulheres assassinas (Schechter, 2013; Casoy, 2017; Telfer, 2019) apontam que os assassinatos são ocasionados por envenenamento e/ou sufocamento. Geralmente, as mulheres assassinas baseiam seus crimes na relação de proximidade que possuem com a vítima e cometem o crime sem danificar visivelmente a exterioridade dos corpos, isto é, a cena do crime é limpa, sem sangue e demonstração de violência física. Desse modo, os assassinatos cometidos por mulheres são pautados na paciência e na intimidade, características tidas como femininas, como explicita Bourdieu (2018).

Ao abordar as divisões constitutivas da ordem social, o autor menciona que tudo pode ser expresso na oposição entre o masculino e o feminino. Desse modo, masculino e feminino são constituídos como polos antagônicos. Para Bourdieu (2018), aos homens, que estão situados do lado exterior/público, cabem os atos perigosos e passageiros: matar animais, a colheita, o homicídio e a guerra; por outro lado, às mulheres, que se situam do lado interior/privado, cabem os atos contínuos: trabalhos domésticos, o cuidado com as crianças e com os animais etc. A passagem de Bourdieu indica que o assassinato, ato geralmente breve, momentâneo e que não exige cuidado com o próximo, não está associado às práticas tidas como femininas.

É evidente que na história há exceções, no Brasil temos os casos supracitados, da Richthofen e da Matsunaga, que extrapolam a tipologia esperada das mulheres assassinas. Para Leal (2014), a mulher que cumpre papeis ativos na criminologia é compreendida como duplamente transgressora é duplamente punida no sistema penal. Sobre a pena atribuída à mulher, o autor afirma que "sobre ela recai uma sobrecarga de punição com a sanção penal, e a reafirmação dos papeis a ela historicamente atribuídos, e os espaços culturalmente negados" (Leal, 2014, p. 222). Leal (2014) ainda afirma que a criação da propriedade privada determinou a segregação dos espaços público e privado, em que o primeiro é destinado aos homens e o segundo às mulheres.

Destarte, segundo Leal (2014, p. 227),

> [...] identifica-se a mulher criminosa como a figura feminina que não se adaptou (por defeito em sua formação moral) à condição de subalternidade intrafamiliar e a vida do lar, ou seja, de condução da casa, dos filhos e do império domiciliar (quando o patriarca está fora, no mundo do trabalho e da política – no espaço público); ou ainda, que não se satisfaz com a inserção no mercado de trabalho, realizando as tradicionais atividades femininas menos valorizadas, ou ainda, realizando atividades iguais as do homem percebendo valor inferior pelo simples fato da sua condição feminina; ou mais, que apresenta qualquer outra manifestação de distúrbio em sua formação biológica ou moral, como relações afetivas tidas como anormais, vista como pervertida, entendida como desonesta, prostituta, sem falar na rotulação da louca, utilizadas como forma de patologização de pessoas com status social um pouco mais elevado.

Ademais, temos que nos "[...] discursos tradicionais da criminologia, a mulher foi genericamente ignorada ou analisada com base nos estereótipos de gênero inerentes ao discurso social dominante" (Matos; Machado, 2012, p. 37). Para as autoras, a criminalidade feminina foi reduzida, por meio de estereótipos dominantes, a tipos específicos de crime (tráfico, consumo de drogas e aborto), em contrapartida, a criminalidade masculina é considerada mais diversificada, frequente e violenta.

Ainda para Matos e Machado (2012), a imagem da mulher transgressora é construída a partir da perspectiva de que a mulher comete crimes irracionais e de que há a ausência de autodeterminação e, frequentemente, as mulheres são coagidas para tal. De acordo com as autoras, "[...] a mulher que comete crimes tem sido representada e tratada como 'instável e irracional' nas diversas abordagens da criminologia tradicional" (Matos; Machado, 2012, p. 39). Segundo Matos e Machado (2012), a criminalidade feminina é justificada pela natureza biológica ou psicológica da mulher.

De acordo com Bourdieu, (2018) há uma tendência em excluir do universo do pensável e do que pode vir a se tornar um fato tudo o que pertence, caracteristicamente, a outro gênero. Segundo o autor,

> As regularidades da ordem física e da ordem social impõem e inculcam as medidas que excluem as mulheres das tarefas mais nobres [...], assinalando-lhes lugares inferiores [...], ensinando-lhes a postura correta do corpo [...], atribuindo-lhes tarefas penosas, baixas e mesquinhas [...], enfim, em geral tirando o partido, no sentido dos pressupostos fundamentais, das diferenças biológicas que parecem assim estar à base das diferenças sociais (Bourdieu, 2018, p. 41-42).

Essa passagem do autor nos leva a refletir se essas medidas excludentes das atividades mais nobres podem ser refletidas em outras áreas da vida da mulher e, de algum modo, expressarem medidas que excluem as mulheres do papel da violência e da crueldade físicas.

Para Gomes (2010), os índices de crimes com atitudes violentas são menores entre as mulheres do que entre os homens. De acordo com o *World Prison Brief* (WPB), em dezembro de 2020 apenas 5,1% dos detentos brasileiros eram do sexo feminino, isto é, na população prisional havia cerca de 41.580 mulheres.

Para Muraro (2020), desde a época em que foi escrito o Gênesis, a cultura patriarcal vem servindo, com muita eficiência, para manter a mulher enclausurada em um lugar específico, o privado e doméstico, e "[...] até hoje não só o homem como também as classes dominantes tiveram seu status sacralizado porque a mulher e a sexualidade foram penalizadas como causa máxima da degradação humana" (Muraro, 2020, p. 24).

A autora afirma que,

> Quando cessou a caça às bruxas, no século XVIII, houve grande transformação da condição feminina. A sexualidade se normatiza e as mulheres se tornam frígidas, pois orgasmo era coisa do diabo e, portanto, passível de punição. Reduzem-se exclusivamente ao âmbito doméstico, pois sua ambição também era passível de castigo. O saber feminino popular cai na clandestinidade, quando não é usurpado como próprio pelo poder médico masculino já solidificado.

> As mulheres não tem mais acesso ao estudo como na Idade Média e passam a transmitir voluntariamente a suas filhas e a seus filhos valores patriarcais já então totalmente introjetados por elas (Muraro, 2020, p. 30).

Ainda sobre a ameaça feminina, de acordo com Mendes (2017), a beleza e a capacidade de sedução se constituíam como justificativa para sua periculosidade e, portanto, mulheres tidas como bonitas e sedutoras teriam mais poder de persuasão. Nas palavras da autora "[...] associava-se a beleza ao perigo, uma vez que as mulheres mais atraentes teriam uma capacidade muito maior de ludibriar e enganar pessoas" (Mendes, 2017, p. 48).

O movimento feminista ajuda a mulher a sair, aos poucos, dessas limitações impostas pelo poder patriarcal e, como possível consequência, se faz uso de antigas ferramentas para tentar conter e controlar o poder feminino – como associá-las novamente ao diabólico, ao pecado e à bruxaria. Faz-se útil para a manutenção do poder ter exemplos do que não ser, exemplos das consequências que serão atribuídas as mulheres que se inserem no âmbito tido como masculino, como o mundo público dos crimes, dos assassinatos. É talvez devido a esse fato que alguns casos de mulheres assassinas se tornam midiatizados, com ampla repercussão e cobertura.

Para Shecaira (2020), o poder da mídia é um dos problemas que precisa da reflexão dos operadores do direito, principalmente o direito penal. A partir das considerações de Shecaira (2020), podemos inferir a importância de analisar a repercussão midiática que algumas condenações possuem, já que ela contribui para a criação da imagem da acusada, podendo reafirmar ou reformular imagens contidas no imaginário coletivo, a depender da narrativa considerada. Sob a perspectiva do que foi mencionado, as produções audiovisuais podem servir como um parâmetro para tais construções imagéticas, uma vez que os filmes podem repercutir e retomar casos criminais através de diferentes perspectivas, a depender do produtor e da mensagem que pretende transmitir ao espectador.

Como a pesquisa se trata de um estudo fílmico é de suma relevância considerar que o filme

> [...] não é uma representação do real, pois a representação não se confunde com o próprio real. Não é um duplo do real, pois não tem a função ritual de unir dois mundos dis-

tintos. Não é reprodução, pois não copia, não 'xeroca' um mundo pretensamente 'externo' sem mediações (Menezes, 2003, p. 94).

O autor propõe o conceito de representificação para se compreender a relação entre cinema, real e espectador.

> O filme, visto aqui como filme em projeção, é percebido como uma unidade de contrários que permite a construção de sentidos. Sentidos estes que estão na relação, e não no filme em si mesmo. O conceito de *representificação* realça o caráter construtivo do filme, pois nos coloca em presença de relações mais do que na presença de fatos e coisas. Relações constituídas pela história do filme entre o que ele mostra e o que ele esconde. Relações constituídas com a história do filme, articulação de espaços e tempos, articulação de imagens, sons, diálogos e ruídos. [...] a *representificação* seria a forma de experimentação em relação a alguma coisa, algo que provoca reação e que exige nossas tomadas de posição valorativas, relacionando-se com o trabalho de nossas memórias voluntária e involuntária que o filme estimula (Menezes, 2003, p. 94).

Todo filme traz um olhar direcionado e parcial sobre algo, estabelecendo um certo tipo de conexão com o espectador. Para melhor explicar essa relação entre filme e espectador, o autor supracitado cunha o termo representificação, que diz respeito à decodificação que o espectador realiza por meio da linguagem do filme. Dito de outra forma, a representificação é um "falar como" que desperta algo no espectador familiarizado com o modo de linguagem adotado. A representificação, portanto, se refere à relação estabelecida entre o filme e o espectador.

Como a pesquisa também se pauta na análise de uma minissérie do tipo documentário é necessário considerar que "[...] o documentário não tem o privilégio de referir-se à realidade" (Odin, 2012, p. 12), ou seja, mesmo que a produção tenha sido categorizada como documentário ela não exprime a realidade. Para o autor, quando é analisado na perspectiva adequada, todo filme pode ser considerado um documentário, pois todo filme é um documento sobre o autor, sobre o produtor, sobre a época em que foi filmado. Odin (2012) considera que os documentários são analisados a partir de uma perspectiva que os torna registros da realidade e que, portanto, excluem os aspectos semelhantes ao cinema ficcional, como a narrativa construída pela produção. Sobre a leitura documentarizante, ou seja, a leitura que trata o filme como um documento, o autor afirma que "[...] o único critério que, nos parece, deve ser mantido para caracterizar aquilo que advém na hora de executar a leitura documentarizante é o que o leitor constrói a imagem do Enunciador, pressupondo a realidade desse Enunciador" (Odin, 2012, p. 18). Desse modo, "o que estabelece a leitura documentarizante é a realidade pressuposta do Enunciador, e não a realidade do representado" (Odin, 2012, p. 18).

O autor estabelece quatro modos de produção de leitura documentarizante: 1) a produção pelo leitor; 2) a produção pelas instituições sobre as quais se realiza a leitura do filme; 3) a produção pelos créditos; 4) a produção pelo sistema estilístico do filme. As duas últimas são produções internas ao filme, meios internos que demonstram que um filme é um documentário e deve ser lido a partir da leitura documentarizante. Desse modo, um filme é considerado documentário a depender de três instâncias: o próprio filme (que pode se apresentar como documentário); uma instituição (que pode determinar o modo de leitura do filme); o leitor (que reage de modo particular às exigências das duas instâncias já mencionadas) (Odin, 2012).

O filme não traduz a realidade para as telas, se constitui como algo que pode expressar a sociedade no dado momento histórico-cultural em que foi produzido a partir da relação que estabelece com a pessoa que o assiste, já que essa pessoa evoca aspectos de sua socialização na decodificação do filme. Ademais, a construção da narrativa das produções fílmicas apresenta algumas proposições sobre a sociedade que devem ser analisadas pelo pesquisador. O filme encena a sociedade e, para Sorlin (1985), o filme é uma encenação social por duas razões: 1) seleciona e redistribui elementos (alguns são considerados e outros são descartados para a criação de um mundo projetado); 2) pela relação que estabelece com o espectador (o filme pode seduzir ou levar à repugnância). De acordo com o autor, estudar a encenação é distinguir que estratégia social, quais modelos de classificação e reclassificação foram utilizadas nos filmes. Ainda segundo Sorlin (1985), os produtores não mostram o que veem, mostram o que querem mostrar, isto é, abordam as questões segundo uma narrativa escolhida. Em outras palavras, o que é transmitido pelo filme depende da posição dos cineastas e suas visões sobre o mundo que os rodeia. Os filmes devem ser, portanto, examinados como expressões ideológicas.

A partir das considerações de Sorlin temos que as imagens por si não funcionam sozinhas, precisam da complementação do espectador. As imagens transmitem signos que são absorvidos e interpretados pelo espectador. Há uma relação complementar, portanto, entre filme e espectador. A imagem é sempre incompleta, portanto, é importante analisar o conteúdo das imagens buscando evitar as projeções pessoais. Além disso, é relevante buscar compreender qual é o tipo de relação social que as imagens constituem com o que elas não mostram.

Isto posto, o que se buscou nesta pesquisa foi verificar se as produções analisadas apresentaram uma ruptura com o imaginário coletivo do que é ser uma mulher assassina (mulheres sedutoras, perigosas, demonizadas etc.) ou o corroboraram. Para isso é importante ressaltar que os valores, internalizados e perpetuados, trazem características provenientes do cristianismo e do capitalismo – como a efetiva dominação masculina sobre os corpos e mentes femininos, o "adestramento" do corpo voltado ao trabalho, à idealização da mulher e à punição da mulher transgressora, entre outros – e que corroboram, ao mesmo tempo que se beneficiam, das tipologias criadas acerca da mulher que comete assassinato.

Este trabalho está organizado em três capítulos, além das considerações finais. O primeiro capítulo, intitulado "Relações de gênero e mulheres assassinas", explora a condição da mulher na sociedade e faz aproximações entre a dominação masculina e a inserção das mulheres no mundo do crime pela via do assassinato. O segundo, intitulado *Elize Matsunaga: era uma vez um crime,* traz a contextualização do crime e as considerações sobre a construção da imagem de Elize feita a partir de duas óticas: a da defesa e a da acusação. Em *A menina que matou os pais / O menino que matou meus pais,* o que se pretende é realizar análise semelhante ao capítulo anterior, tomando como base as produções sobre o crime que ceifou a vida dos pais de Suzane von Richthofen. Por fim, as Considerações finais reúnem os resultados obtidos por meio da pesquisa realizada.

RELAÇÕES DE GÊNERO E MULHERES ASSASSINAS

Inicialmente, o gênero nos aparece como um axioma, uma verdade imutável válida para todas as pessoas, presente nos corpos, que não carece de demonstrações ou provas de sua veracidade, isto é, algo que nos antecede. Ao pensarmos sobre gênero, intuitivamente somos levados a naturalizá-lo, a simplificá-lo. A questão se complexifica quando passamos a nos questionar sobre o gênero, afinal, o que é gênero? Ele é um elemento naturalmente dado ou uma categoria socialmente construída?

De acordo com Scott (2017), *gênero* pode ser utilizado para designar as relações socioculturais de poder entre os sexos, se constituindo como "[...] categoria social imposta sobre um corpo sexuado" (Scott, 2017, p. 75). A autora defende que o gênero constitui relações sociais fundamentadas nas diferenças entre os sexos e, além disso, é a forma primária de atribuir significações às relações de poder. Ademais, há quatro elementos que se interrelacionam com o gênero e o formulam: a cultura, as normalizações, a política e a identidade subjetiva; esses elementos garantem a perpetuação da imposição do gênero aos corpos sexuados, levando em conta a influência político-cultural e papel dos indivíduos – que não recebem o gênero de maneira passiva, mas atuam ativamente na sua construção. As relações generificadas são dialéticas: ao mesmo tempo que constroem pessoas, são construídas por elas, ao mesmo tempo que ditam normas sociais são moldadas por elas.

Butler (2018) busca se afastar da dicotomia trazida por Scott, tratando o corpo como uma situação histórica, para ela o gênero não se constitui como uma identidade estável, ele é performado. Para a autora,

> [...] o gênero é feito em conformidade com um modelo de verdade e falsidade que não só contradiz a sua própria fluidez performativa, mas serve a uma política social de regulação e controle do gênero. Performar o gênero de modo inadequado desencadeia uma série de punições ao mesmo tempo óbvias e indiretas, e performá-lo bem proporciona

> uma sensação de garantia de que existe, afinal de contas, um essencialismo na identidade de gênero (Butler, 2018, p. 13).

Louro (2000) se aproxima de Scott (2017) ao afirmar que as diversas formas de se fazer homem ou mulher são sempre promovidas socialmente, isto é, na construção do gênero estão presentes os aspectos sociais, culturais, políticos e econômicos. Para a autora, as identidades e o sentido dos corpos são constituídos socialmente e moldados pelas relações de poder.

O gênero, para Lauretis (1994), é constituído a partir de discursos, epistemologias e práticas institucionalizadas e da vida cotidiana. Nessa abordagem, o gênero também é fundamentado por meio das relações sociais, históricas, políticas e culturais que cada sociedade possui. A função do gênero é "[...] constituir indivíduos concretos em homens e mulheres" (Lauretis, 1994, p. 213).

O cinema, por exemplo, possui uma influência direta na performatividade do gênero; ao divulgar modos de ser mulher e modos de ser homem, a performatividade do gênero escapa do âmbito familiar ou regional e adquire um alcance nacional, até mesmo continental. A partir da visualização da performance cinematográfica é possível incorporar a cultura generificada e adotá-la no cotidiano. O gênero seria transmitido, assim, também por meio da indústria cinematográfica, padronizando os comportamentos.

Um ponto importante abordado por Lauretis (1994) versa sobre a sexualização do corpo feminino, para a autora "a sexualização do corpo feminino tem sido, com efeito, uma das figuras ou objetos de conhecimento favoritos nos discursos da ciência médica, da religião, arte, literatura, cultura popular e assim por diante" (Lauretis, 1994, p. 221). Ainda de acordo com a autora, a sexualização do corpo feminino diz respeito a "[...] identificação do sexual com o corpo feminino" (Lauretis, 1994, p. 221).

A sexualização do corpo feminino se torna uma questão até nos casos em que a mulher é uma assassina. As mulheres criminosas que inspiraram as produções cinematográficas analisadas na pesquisa foram sexualizadas, tendo aspectos de suas vidas sexuais, antes e depois dos julgamentos que as condenaram, abordados pelos meios de comunicação. A imagem da mulher criminosa como sexualmente mais ativa que a mulheres tidas como "normais" é defendida nos escritos de Lombroso e Ferrero (2017), autores positivistas do século XIX.

Os autores anteriormente citados expressam uma visão sexista sobre a criminologia feminina, cujas interpretações sobre a mulher criminosa estabelecem uma relação de maldade inata, presente desde o nascimento, que prejudica a compreensão dos fatores sócio-históricos que a levaram a cometer o crime. Portanto, Lombroso e Ferrero (2017) contribuem para uma visão estereotipada da mulher, sobretudo da mulher criminosa, retirando a significação do crime e atribuindo à natureza feminina "degenerada" tal ato de violação da lei.

O gênero é a forma socialmente construída nos corpos e as designações de "papéis" a serem exercidos, diferente do sexo – categoria tida como natural, embora também tenha seu cerne em uma construção social. O polarismo *sexo/gênero* surgiu da relação *natureza/cultura*, em que um elemento é dado e pertence a todas as pessoas e o outro é construído socio--historicamente. Ademais, como bem explicita Butler (2018), o gênero é uma identidade constituída no tempo e instituído pela estilização do corpo.

Essa pesquisa considera que o gênero é performático e se constitui por meio dos contextos socioculturais, isto é, os aspectos culturais, sociais, históricos, econômicos e políticos são considerados na construção do gênero. Além disso, entende-se que a pessoa possui alguma autonomia – levando em conta as estruturas de poder estabelecidas, naturalizadas e incorporadas – na relação com as determinações impostas pela generificação, podendo ou não performá-las de acordo com o que é culturalmente esperado. É de suma importância compreender que as relações de gênero estão imbricadas às relações de poder, produzindo e reproduzindo discursos dominantes que perpetuam a dominação de uns sobre outros, a dominação do masculino sobre o feminino.

1.1 A CONSTRUÇÃO HISTÓRICA DA PERVERSIDADE FEMININA

Nesta seção, pretendemos expor a construção de uma representação da feminilidade que atribui às mulheres uma condição de perversidade inata que foi construída a partir de uma narrativa, sobretudo religiosa, no decorrer dos anos, que influenciou outros discursos formadores da "verdade" – aqui considerada como uma produção histórica ligada às relações de poder –, tal qual o Direito. Para estabelecer uma perspectiva histórica trazemos Muchembled (2001), Russel e Alexander (2019) e Kramer e Sprenger (2020), que abordam como a imagem da mulher foi constituída. Já, para consolidar a perspectiva sociológica do discurso construído e perpetuado sobre as mulheres e a feminilidade trazemos, entre outros, Butler (2000), Louro (2000), Scott (2017), Bourdieu (2018).

A principal mobilização acerca das mulheres criminosas é feita a partir de Almeida (2001). A perspectiva sociológica evidencia que a visão construída sobre a mulher e a necessidade de controlar corpos femininos é um artifício usado para consolidar e perpetuar uma relação de poder que se baseia na dominação masculina. Começaremos com o escrito norteador da perseguição às bruxas, *Malleus Maleficarum*, traduzido como Martelo das Feiticeiras.

Nas palavras de Kramer e Sprenger (2020, p. 158), dois inquisidores, a mulher possui uma falha na sua formação, já que foi "[...] criada a partir de uma costela recurva, ou seja, uma costela do peito, cuja curvatura é, por assim dizer, contrária a retidão do homem. E como, em virtude dessa falha, a mulher é animal imperfeito, sempre decepciona e mente". Para os autores, o pecado veio da mulher e esse pecado "[...] destrói a alma, por privá-la da graça, e entrega o corpo à punição pelo pecado. Mais amarga que a morte, sim, porque embora a morte corpórea seja inimiga terrível e visível, a mulher é inimiga secreta e enganadora" (Kramer; Sprenger, 2020, p. 164).

Pelos escritos dos autores supracitados, é possível inferir que, pelo menos desde o século XVI, às mulheres são atribuídas características ligadas ao bestial. A caça às bruxas, movimento que perseguiu muitas mulheres, principalmente pagãs, teve seu início no século XV e se desenvolveu com mais fervor do século XVI ao século XVIII. Três séculos de perseguição escancarada e direta às mulheres. Mas por qual razão as mulheres eram as mais afetadas? Partimos do pressuposto de que em um contexto de guerras religiosas, em que as figuras bíblicas mais importantes são atribuídas de gênero masculino, o gênero feminino é o "elo fraco", o mais próximo do diabo, devido à sua imperfeição nata, a quem a ira pode ser destinada a fim de servir de exemplo aos que ousam pensar em heresia.

Para Federici (2017, p. 335),

> Há também, no plano ideológico, uma estreita correspondência entre a imagem degradada da mulher, forjada pelos demonólogos, e a imagem da feminilidade construída pelos ideais da época sobre a "natureza dos sexos", que canonizava uma mulher estereotipada, fraca do corpo e da mente e biologicamente inclinada ao mal, o que efetivamente servia para justificar o controle masculino sobre as mulheres e a nova ordem patriarcal.

É importante considerarmos que as figuras bíblicas de gênero feminino mais mencionadas e lembradas por nós são Eva, a primeira pecadora, que induziu Adão ao pecado; Maria, mãe de Jesus, subserviente, acatou as ordens que lhes foram dadas sem contestar; Maria Madalena, cuja história é controversa, já que foi difundido entre os cristãos católicos que ela era uma prostituta, embora na Bíblia (2008) o que se menciona em Lucas, capítulo 7, é uma mulher pecadora que lavou os pés de Jesus com suas lágrimas e os enxugou com seus cabelos, mas que não tem sua identidade e nem o seu pecado revelado e, no capítulo 8, ao mencionar as mulheres que seguiam Jesus após ter sido curadas de enfermidades e espíritos malignos, há a menção de Maria Madalena, mulher que teve sete demônios expulsos.

Notamos que as mulheres da Bíblia, com exceção de Maria, mãe de Jesus, que acata às vontades de Deus, possuem uma relação bem próxima com o demoníaco. Destarte, é válido observar que no cristianismo, mesmo que as mulheres estejam mais propensas ao diabo e às atitudes maléficas, é Lúcifer, cujo gênero atribuído é masculino, quem comanda o inferno e o mal. Portanto, seja para o bem ou para o mal, as mulheres sempre são controladas, mandadas, manipuladas e dominadas por figuras que são atribuídas ao gênero masculino. O que é curioso, pois, em teoria, os anjos, categoria de que Lúcifer faz parte, não têm um gênero atribuído, assim como Deus, mas que no imaginário coletivo se sustentam como figuras masculinas ou masculinizadas.

Nesse ponto, precisamos recordar o que nos diz Scott (2017): a história é escrita a partir das posições normativas do grupo dominante. Isto é, o gênero atribuído às figuras de maior poder (bom ou ruim) que são agênero, ou que não possuem confirmação explícita de seu gênero, condiz com o gênero dominante, ou seja, com o gênero masculino. É por meio da ótica do poder masculino que as narrativas foram e são construídas, deixando as pessoas de gênero feminino em uma situação de controle masculino permanente, independente do caminho que escolha seguir, dado seu livre arbítrio.

Somos comandadas pelo masculino, pois é o masculino que dita o mundo e as regras do jogo social que seguimos. Ao transgredir a ordem predominantemente patriarcal (masculina), a fazemos a partir de meios que também são masculinos. As mulheres assassinas, por exemplo, transgridem a norma do que é ser feminino – característica de gênero criada e difundida nos discursos predominantemente masculinos –, a partir de um ato tido como masculino, o assassinato.

De acordo com Muchembled (2001) houve, a partir do século XVI, uma redefinição da natureza feminina. Nas palavras do autor,

> A medicina, o direito, a propaganda visual difundida pelas estampas e as pinturas [...] reforçaram a ideia de uma indispensável vigilância para controlar este ser imperfeito, profundamente perturbador. Os médicos viam na mulher uma criatura inacabada, um macho incompleto, daí sua fragilidade e sua inconstância. Inútil, canhestra e lenta, desavergonhadamente insolente, mentirosa, supersticiosa, e lúbrica por natureza, [...]. a visão de feminilidade aí apresentada mesclava inextricavelmente as teorias eruditas produzidas pela teologia, a medicina e o direito, com os preconceitos populares mais correntes (Muchembled, 2001, p. 98).

Segundo Muchembled (2001), os homens do século XVI acreditavam que os monstros saíam principalmente das mulheres, portanto, algumas das causas dos males presentes na humanidade provém da mulher; ao parir, a mulher não gera apenas seres bons, gera também seres monstruosos. As mulheres eram retratadas como seres imperfeitos e perigosos, que seduziam os homens e os retirava do caminho de Deus. Pelo trecho apresentado anteriormente, é possível inferir que o discurso teológico adentrava outros discursos científicos, como o discurso da Medicina e o discurso do Direito, influenciando-os.

Sobre a tendência ao mal e ao pecado, Almeida (2001, p. 100) aponta que,

> [...] a mulher, a partir da Idade Média e especialmente na Era Cristã, era comparada ao mito de Eva, a primeira mulher do mundo, demoníaca por natureza, porque carregava em si o pecado original. Era a própria feiticeira que ameaçava a integridade moral do homem apenas com sua presença. As mulheres eram vistas como detentoras da sexualidade do demônio – a luxúria – e, portanto, tinham que ser vigiadas o tempo todo. O lema era vigiar e adestrar as castas incorporadas nas regras morais do bom comportamento, representantes da figura pura e maternal da Virgem Maria, e domar as não-castas, transgressoras dos valores, representantes da serpente demoníaca e do mal. Às mulheres "santas", a domesticação e o enclausuramento, o abafamento dos desejos e sentimentos. Às pecadoras, a marginalidade e a completa exclusão da vida social. É claro que eram as mulheres pobres, especialmente com as

mudanças da sociedade burguesa, que eram mais discriminadas, pois, dadas as próprias condições conjunturais, era impossível que a mulher se enclausurasse em um lar tranquilo e provido pelo trabalho do homem.

Russel e Alexander (2019, p. 146) afirmam que "o terror das mulheres, a crença em que realizam atos sombrios e misterioso, é um fenômeno antigo e quase universal que cerca os homens [...]". De acordo com os autores, há uma dualidade na mulher, que ora se constitui como pura e maternal, ora como maléfica e carnal. Os autores ainda mencionam duas idealizações do feminino que se iniciaram no século XII, a primeira foi o amor cortesão; a segunda foi o culto à Virgem Maria. Essas idealizações da mulher produziram uma sombra,

> O exagero da bondade e da pureza da mulher no amor cortesão e o culto da Virgem criaram a imagem-sombra da megera, da bruxa. A Virgem Mãe de Deus encarnou dois elementos do antigo simbolismo triplo da mulher, a virgem e a mãe. O cristianismo, porém, reprimiu o terceiro ponto, o espírito sombrio da noite e do mundo subterrâneo. Mas esse lado sombrio do princípio feminino não desapareceu; pelo contrário, à medida que o poder da Virgem Mãe aumentava, o mesmo ocorria com o da bruxa (Russel; Alexander, 2019, p. 148-149).

Butler (2000) corrobora a ideia de uma sombra, em outros termos, a autora declara que para construir o humano é necessário que se produza o inumano. Portanto, ao constituir uma representação sobre o que é ser uma boa mulher, se constrói o exemplo a ser seguido, em contrapartida, se cria uma mítica sobre a mulher má, o exemplo a ser evitado. Isto é, para constituir a boa mulher, a mulher ideal, se torna necessário operar por meio da representação do oposto, do tipo de mulher que nenhuma quer ou pode ser, da imagem que deve ser afastada com vigilância.

Em algumas versões do mito, Pandora, descrita como bela e graciosa, foi a responsável pela liberação de todos os males; em outras, a mulher perde seu protagonismo e apenas porta a caixa que é aberta pelo seu então esposo. A caixa que continha todas as desgraças do mundo, quando não aberta pela curiosidade da própria mulher, estaria sob o seu domínio, sendo ela a responsabilizada pelas tragédias da humanidade. No cristianismo, foi Eva, primeira mulher, criada por Deus a partir da costela de Adão – o que já demonstra a inferioridade da mulher perante o homem – a responsável pela expulsão do paraíso, a partir da influência negativa que exerceu sobre Adão, o convencendo a comer o fruto proibido. Fica evidente que a figura da mulher foi constituída por meio de sua suposta pecaminosidade, da sua influência negativa sobre os bons homens, de sua natureza corruptiva e destrutiva, da sua malignidade inata.

Essa imagem da mulher criada a partir de discursos de verdade – aqui compreendidos como os discursos dominantes que criam a realidade tida como autêntica, correta a ser seguida – e reforçada ao longo dos séculos se constitui como ferramenta útil para a manutenção da dominação masculina, pois a justifica. A mulher, detentora do mal inato, precisa de vigilância constante, necessita de controle. "[...] o gênero é um campo primário no interior do qual, ou por meio do qual, o poder é articulado" (Scott, 2017, p. 88), o gênero insere significado às relações de poder.

Para Louro (2000), muitas representações circulam e produzem efeitos sociais e algumas dessas representações, devido à força e visibilidade que adquirem, passam a ser tomadas como realidades. Além disso, para a autora, os grupos dominantes que ocupam posições centrais – os "normais" –, representam a si e os outros, falam por si e pelos outros. Isto é, o mundo passa a ser visto sob a lente dos dominantes, que produzem e reproduzem os discursos de verdade.

Bourdieu nos ajuda a compreender que os estereótipos de gênero legitimaram dominação, relação de poder em que o gênero masculino possui vantagem e controla o gênero feminino. No livro *A dominação masculina*, Pierre Bourdieu discorre sobre as relações de dominação decorrentes da divisão entre os sexos, ou seja, a subordinação feminina diante do masculino. As sociedades ocidentais têm como uma de suas principais características o patriarcado, aqui concebido como um sistema de relações de poder que privilegia os homens, principalmente brancos, cisgêneros e heterossexuais. Existe, portanto, uma força predominante da ordem masculina que, consequentemente, se incorpora nas relações sociais, políticas e econômicas.

Para Bourdieu (1989), o poder simbólico é um poder invisível, que faz ver e crer, confirmando e transformando a visão do mundo e a ação exercida nele, é "[...] poder quase mágico que permite obter o equivalente daquilo que é obtido pela força (física ou econômica)" (Bourdieu, 1989, p. 14), além disso, para ser exercido o poder simbólico precisa ser reconhecido. O poder simbólico, portanto, dita as regras do jogo social em que todos estão inseridos. Ademais, os sistemas simbólicos, por serem estruturas estruturadas e estruturantes, desempenham a função política de imposição e legitimação da dominação, contribuindo para garantir a dominação de uma classe sobre a outra e realizar uma espécie de "domesticação dos dominados". Isso quer dizer que a classe dominada é exposta constantemente aos sistemas simbólicos definidos pela classe dominante e acaba incorporando-os e os tomando como legítimos e superiores.

Ademais, de acordo com Bourdieu (1989, p. 14), o discurso dominante, "[...] tende a impor a apreensão da ordem estabelecida como natural (ortodoxia) por meio da imposição mascarada (logo, ignorada como tal) de sistemas de classificação e de estruturas mentais objetivamente ajustadas às estruturas sociais". Além disso, o poder simbólico se constitui como uma forma de outras formas de poder.

Segundo Bourdieu (2018, p. 22), a "[...] força da ordem masculina se evidencia no fato de que ela dispensa justificação: a visão androcêntrica impõe-se como neutra e não tem necessidade de se enunciar em discursos que visem legitimá-la". Sendo assim, a "[...] ordem social funciona como uma imensa máquina simbólica que tende a ratificar a dominação masculina sobre a qual se alicerça [...]" (Bourdieu, 2018, p. 22-24), dito de outro modo, a ordem social se fundamenta sobre a legitimação da dominação masculina.

Nesse sentido, as relações de dominação não são estranhas para os sujeitos dominados, ou seja, as mulheres e qualquer outro grupo que não seja constituído por homens brancos, heterossexuais e cisgêneros, porque elas se encontram historicamente imersas nessa construção simbólica das estruturas que sempre lhes foram impostas como natural. Sobre os dominados, Bourdieu aponta que:

> [...] quando seus pensamentos e suas percepções estão estruturados em conformidade com as estruturas mesmas da relação da dominação que lhes é imposta, seus atos de *conhecimento* são, inevitavelmente, atos de *reconhecimento*, de submissão. [...] há sempre lugar para uma *luta cognitiva* a propósito do sentido das coisas do mundo e particularmente das realidades sexuais. A indeterminação parcial de certos objetos autoriza, de fato, interpretações antagônicas, oferecendo aos dominados uma possibilidade de resistência contra o efeito da imposição simbólica (Bourdieu, 2018, p. 27-28).

É evidente que existe uma divisão entre os sexos, também naturalizada socialmente como um fator indissociavelmente biológico. Daí se configura a dualidade dos sistemas de representação e as categorias dominantes de identidade são consideradas normais em detrimento das outras possibilidades: homem e mulher, masculino e feminino. Tanto o gênero como o sexo são entendidos a partir da construção que se faz dos corpos e dos órgãos sexuais.

> O trabalho de construção simbólica [...] se completa e se realiza em uma transformação profunda e duradoura dos corpos (e dos cérebros), isto é, em um trabalho e por um trabalho de construção prática, que impõe uma definição diferencial dos usos legítimos do corpo, sobretudo os sexuais, e tende a excluir do universo do pensável e do factível tudo que caracteriza pertencer ao outro gênero [...] para produzir este artefato social que é um homem viril ou uma mulher feminina (Bourdieu, 2018, p. 40-41).

Sobre as divisões constitutivas da ordem social, Bourdieu (2018) afirma que aos homens cabe tudo aquilo que está situado no público, como, dentre outras coisas, o homicídio e a guerra. Já às mulheres estão restringidas ao doméstico, espaço privado. Além disso, segundo o autor, as mulheres exercem seu poder quando aceitam se apagar ou voltam a força do dominador contra ele mesmo. Ademais, às mulheres transgressoras são "[...] condenadas a dar prova de sua malignidade e a justificar em troca as proibições e preconceitos que lhes atribui uma essência maléfica [...]" (Bourdieu, 2018, p. 52-53). A dominação masculina é justificada, confirmando as representações que tratam o homem como superior e bom e a mulher que é essencialmente cruel, precisando da forte incorporação do social que a domina e a doméstica.

Nas palavras de Preciado (2014, p. 168),

> Se os discursos das ciências naturais e das ciências humanas continuam carregados de retóricas dualistas cartesianas de corpo/espírito, natureza/tecnologia, enquanto os sistemas biológicos e de comunicação provaram funcionar com lógicas que escapam a tal metafísica da matéria, é porque esses binarismos reforçam a estigmatização política de determinados grupos (as mulheres, os não brancos, as queers, os incapacitados, os doentes...) e permitem que eles sejam sistematicamente impedidos de acessar as tecnologias textuais, discursivas, corporais etc. que os produzem e os objetivam. Afinal, o movimento mais sofisticado da tecnologia consiste em se apresentar exatamente como "natureza".

A passagem textual supracitada evidencia a dificuldade de acesso às produções discursivas das verdades que constituem o mundo por grupos não dominantes. É importante ressaltar que as formas de dominação são reproduzidas e perpetuadas pelos dominantes e pelos dominados, que atuam como cúmplices, por meio da construção social e política. O acesso aos discursos é limitado, por vezes inexistente, aos dominados, que passam a vida sem voz ativa, ao passo que se naturaliza o discurso que garante a dominação masculina. Como nos lembra Federici (2017, p. 386), para se impor sobre outras pessoas é necessário "[...] rebaixá-las a um ponto em que mesmo a possibilidade de identificação se torna impossível".

Em consonância com Bourdieu, Almeida (2001, p. 87) menciona que

> São os outros – os dominantes – que impuseram formas simbólicas de dominação, como se fossem naturais, formas de percepção do que deveriam ser as crianças masculinas ou femininas, dividindo papéis sexuais e investindo capital simbólico para socializá-las diferentemente, a tal ponto de garantir a dominação pelo consentimento dos dominados.

Russel e Alexander (2019, p. 148-149) explicitam a relação de violência simbólica no trecho a seguir,

> Na antiga religião, o lado sombrio havia sido integrado ao lado luminoso, mas agora, reprimida e totalmente apartada do lado positivo do princípio feminino, a bruxa tornou-se totalmente má. [...] a bruxa europeia deve ser entendida, portanto, não como apenas como feiticeira, mas como encarnação da megera; como uma pessoa totalmente perversa e depravada, sob o domínio e o comando de Satã.

Embora se refira às bruxas, é possível utilizar esse trecho em paralelo com as mulheres assassinas, já que lhes são atribuídas características inatas de megera, não humana, principalmente por se afastarem dos ideais de cuidado com o próximo – que advém da maternidade –, da pureza e da bondade – que advém da Virgem Maria. Ao executarem um ato público, tipicamente masculino, como o assassinato, essas mulheres são retiradas do espaço socialmente construído do feminino. E, portanto, passam a ficar em uma espécie de limbo, rompem com o feminino sem fazer parte do masculino, são seres anormais, às vezes consideradas não mulheres, monstros, devido ao ato extremo de violência que exerceram. A categorização das assassinas como boas ou más esvazia as relações sociais atreladas ao ato criminoso.

1.2 ESTATÍSTICAS SOBRE A CRIMINALIDADE FEMININA NO BRASIL

Com o objetivo de expor a incidência feminina nas prisões brasileiras para evidenciar a taxa consideravelmente inferior, quando comparada às prisões masculinas, iremos estabelecer algumas análises a partir das informações disponibilizadas pelo Sistema de Informações do Departamento Penitenciário Nacional, o Sisdepen. Os documentos estudados remetem ao período de janeiro a junho de 2022, os mais recentes disponibilizados até o momento da escrita da pesquisa. Embora sejam frequentemente consideradas pecadoras pela "natureza feminina", as mulheres possuem uma participação criminal irrisória, em comparação com os crimes cometidos pelos homens, a isso pode-se atribuir o triunfo da socialização feminina, que domina e domestica corpos femininos – considerados como corpos bestiais e pecadores.

Ao decorrer dos anos, é importante observar que houve um aumento considerável da população feminina em situação de privação de liberdade, cujo pico ocorreu no ano de 2016, com aproximadamente 41 mil detentas aprisionadas. A partir de 2016 houve uma queda tímida, sendo que o ano de 2020, até o momento, apresentou a menor população carcerária feminina desde o ano de 2011.

Na categoria que indica a quantidade de incidências por tipo penal, temos no Brasil um total de 750.389 crimes tentados ou consumados, dos quais 32.152 ($\approx$ 4,28%) são categorizados como *feminino*. Na categoria de crimes realizados por mulheres, os crimes relativos a *Drogas* e *Contra o Patrimônio* são os dois principais, possuindo, respectivamente, 17.817 ($\approx$ 55,41%) e 7.688 ($\approx$ 23,91%) das incidências. A tipificação *Crime contra a pessoa* é a terceira, com 3.742 incidências ($\approx$ 11,64%), das quais 3134 referem-se ao crime de homicídio (simples, culposo e qualificado). No caso da categoria masculino, os crimes com maior incidência são, respectivamente, *Contra o Patrimônio* (295.722, aproximadamente 41,17%), relativos a *Drogas* (197.649, aproximadamente 27,52%) e *Contra a Pessoa* (106.919, aproximadamente 14,89%). Como a categoria *Crime contra a pessoa* possui um total de 110.661 ocorrências, as mulheres têm uma participação de aproximadamente 3,38% nessa tipificação.

De acordo com o Anuário Brasileiro de Segurança Pública, publicado em 2022, entre os anos de 2020 e 2021 houve um aumento de mulheres aprisionadas, sendo que o principal motivo das prisões envolve as drogas, isto é, crimes que não expressam violência ou grave ameaça a pessoa. Embora o foco seja a participação feminina nos crimes, principalmente os crimes que se referem aos assassinatos, é válido considerarmos que é mais comum as mulheres serem vítimas dos crimes, com destaque para o feminicídio. Com isso, outros dados expressos pelo Anuário evidenciam que em 2020 houve 3.999 mulheres assassinadas, das quais 1354 (≈ 33,86%) foram vítimas de feminicídio; em 2021 foram 3.878 vítimas, das quais 1.341 sofreram feminicídio (≈ 34,58%).

Visando uma compreensão melhor sobre os dados observados no ano de 2022 é importante estabelecer um comparativo com relatórios de anos anteriores. Para tal feito, se escolheu o ano de 2012 por se distanciar uma década dos dados recentes. Um ponto que cabe destaque nos relatórios disponibilizados pela Secretaria Nacional de Políticas Penais é que em 2012 havia 508.357 pessoas presas custodiadas no Sistema Penitenciário, das quais 474.805 são categorizadas como masculino e 31.552 como feminino (aproximadamente 6,2%). No ano de 2022, as pessoas presas custodiadas no Sistema Penitenciário somavam 830.714, das quais 785.224 foram categorizadas como masculino e 45.490 como feminino (aproximadamente 5,5%). Esses dados simbolizam um aumento de aproximadamente 65,38% na categoria masculino e de aproximadamente 44,17% na categoria feminino.

Embora os crimes violentos e contra a pessoa sejam predominantemente executados por homens, há uma inserção das mulheres nessas tipificações criminais. Isso é evidenciado quando comparamos os dados atuais (janeiro a junho de 2022) com os dados do mesmo período de 2012 (Tabela 1). Em 2012, em relação ao crime de homicídio simples, 25.522 pessoas categorizadas como *masculino* e 797 pessoas categorizadas como *feminino* haviam praticado o crime. Em relação ao homicídio qualificado, foram 33.536 pessoas categorizadas como masculino e 927 como feminino que cometeram tal ato criminoso. Em 2022, 29.546 pessoas categorizadas como masculino e 1.196 categorizadas como feminino cometeram o crime de homicídio simples. Já o homicídio qualificado foram 48.474 pessoas categorizadas como masculino e 1.864 pessoas categorizadas como feminino.

Tabela 1 – Homicídios em 2012 e em 2022

	2012		2022	
	Masculino	Feminino	Masculino	Feminino
Homicídio Simples	25.522	797	29.546	1.196
Homicídio Qualificado	33.536	927	48.474	1.864

Fonte: Secretaria Nacional de Políticas Penais (2023)

Na Tabela 1, criada para facilitar a visualização dos dados adquiridos por meio dos Relatórios da Secretaria Nacional de Políticas Penais no período de janeiro a junho dos anos de 2012 e 2022, é possível observar que houve um crescimento de aproximadamente 15,76% dos homicídios simples praticados por pessoas categorizadas como masculina em 10 anos; no caso das pessoas categorizadas como feminino, o aumento foi de aproximadamente 50,06%. No crime homicídio qualificado se observou situação semelhante, houve um aumento de 44,54% no caso das pessoas categorizadas como masculino e, no caso das pessoas categorizadas como feminino, o aumento foi de 101,07%.

De acordo com a pesquisa apresentada por Almeida (2001), uma das explicações para esse aumento significativo dos homicídios cometidos por mulheres diz respeito a ânsia de ser ouvida, de se fazer dar voz ao silenciamento sistemático imposto às mulheres, de sair do doméstico para o público. Na próxima seção exploraremos essa concepção de Almeida, relacionando-a com outros autores, para tentar compreender as mulheres assassinas.

1.3 AS MULHERES ASSASSINAS

Nesta parte da pesquisa pretendemos demonstrar a abordagem analítica de Almeida (2001), para quem o crime de assassinato cometido por mulheres pode se constituir como uma das consequências da dominação masculina e do controle constante dos corpos femininos. É válido frisar, entretanto, que Almeida (2001) não analisa a totalidade de assassinatos cometidos por mulheres no Brasil, além disso, o assassinato não se constitui para a autora como uma forma de emancipação da mulher, não é um grito feminista da assassina contra o patriarcado e seus opressores.

Portanto, o assassinato – mesmo podendo ser compreendido, a depender da situação, como uma forma da mulher impor sua voz frente às situações de controle e vigilância do seu corpo – não se constitui para a mulher que o comete como um ato feminista consciente ou inconsciente. Para iniciar o capítulo, abordando noções ultrapassadas que associam o ato criminoso da mulher com uma espécie de inatismo que retira a complexidade do crime e das criminosas, trazemos os escritos de Lombroso e Ferrero (2017).

Lombroso e Ferrero (2017) estabelecem três tipos de criminosas: a criminosa nata, a criminosa ocasional e a criminosa passional. As criminosas natas são as mais cruéis e perversas, elas não buscam apenas assassinar os inimigos, mas fazê-los sofrer. Para os autores, todas as mulheres possuem um sentido moral deficiente, mas tais defeitos são neutralizados nas mulheres "normais", pela maternidade, falta de paixão, frigidez sexual, fraqueza e inteligência subdesenvolvida. No caso das criminosas natas, os sentimentos maternos estão ausentes, a força muscular e a inteligência são superiores para o crime, ao mesmo tempo, elas possuem tendências eróticas intensificadas. Os autores ainda alertam que

> [...] a criminosa nata é, por assim dizer, duplamente excepcional, enquanto mulher e enquanto criminosa. Pois os criminosos são uma exceção entre as pessoas civilizadas, e as mulheres são uma exceção entre os criminosos: a forma natural de regressão nas mulheres seria a prostituição, e não crime (Lombroso; Ferrero, 2017, p. 371).

De acordo com Lombroso e Ferrero (2017), diferente das outras tipificações de criminosas, que podem cometer o crime devido à sugestão de outro (pais, amantes, irmãos etc.), as criminosas natas incitam um cúmplice a executar o ato criminoso, nem sempre são elas que cometem o crime. Essa concepção de que as mulheres ou são muito boas e precisam ser influenciadas para o ato, ou são a encarnação do mal, porém fracas de força física, e precisam de um ajudante para concretizar seus feitos ainda persiste na sociedade, inclusive nas mentes dos juristas.

Lembremos que Susane Richthofen foi colocada como um ser maléfico que teve a capacidade de influenciar seu namorado a cometer as atrocidades orquestradas por ela; no caso de Elize Araújo, considerou-se que ela não teria capacidade de esquartejar o então marido e que para isso precisaria da ajuda de outra pessoa, um homem, para realizar o assassinato e livrar-se do cadáver.

Há uma tentativa constante de esvaziar os atos femininos e, ao considerá-los a partir de uma perspectiva sócio-histórica, é possível notar que a mulher e seus atos estão sempre atrelados ao sobrenatural ou à incapacidade, são consideradas um tipo de ser incompleto, um ser que ainda não é ser em sua completude. Ainda advertem que, no caso das criminosas natas, o crime nunca é motivado pela maternidade.

Em resumo, passando pelas tipificações criminais femininas criadas por Lombroso e Ferrero (2017, p. 395), a criminosa nata é:

> [...] excessivamente erótica, fraca no sentimento materno, inclinada à vida de prazeres, inteligente, audaz, predominando sobre seres mais fracos e sugestionáveis, em outros casos se impondo pela força muscular; amam atividades violentas, e em seus vícios e mesmo em seus trajes apresentam tratos masculinos. Além dessas características viris, apresentam-se muitas vezes com as piores qualidades da mulher: o desejo excessivo de vingança, a astúcia, a crueldade, o amor às roupas, a falsidade, formando uma combinação de tendências voltadas ao mal, que muitas vezes resulta em um tipo de extraordinário de maldade.

As criminosas ocasionais, por outro lado, possuem mais pudor, sua perversidade é atenuada e possuem virtudes que a criminosa nata não possui, como a castidade e o amor materno. As criminosas ocasionais se diferem pouco da mulher "normal". A condição de vida da mulher leva à sua inserção ao crime ocasional,

> Um motivo cada vez mais frequente, que lança muitas mulheres honestas na criminalidade, é a superior educação que a sociedade começa a oferecer à mulher, mas, por uma estranha contradição, não permite que ela se empregue em profissões ou ofícios para ganhar a vida. Muitas mulheres inteligentes acreditam, depois de longos esforços e grandes despesas, que não conquistaram nada; reduzidas à miséria, tendo consciência de merecerem um destino melhor, e tendo perdido ou estando já quase sem esperança de encontrar a última salvação em um casamento (pela repugnância habitual do homem vulgar em relação à mulher instruída), não possuem mais caminhos senão o suicídio, o crime ou a prostituição; as mais pudicas se mataram, as outras roubam ou se vendem (Lombroso; Ferrero, 2017, p. 405).

Para os autores, há duas categorias de criminosas ocasionais: uma se aproxima da mulher "normal", embora seja um tipo atenuado de criminosa nata, são sugestionáveis e executam crimes violentos; a outra é caracterizada por mulheres "normais" que vivem em um contexto que fortalece a sua imoralidade (característica inata das mulheres), geralmente os crimes são destinados a propriedade.

Por fim, há as criminosas passionais, cujos crimes são, geralmente, cometidos por jovens e tendem a ser mais premeditados e perversos em comparação com os crimes cometidos pelos criminosos passionais. Essas mulheres possuem bons sentimentos, mas esses, inclusive os sexuais, são mais intensos que os sentimentos das mulheres "normais". Os crimes das criminosas categorizadas como passionais geralmente são movidos pelo amor, mais especificamente, pela intensidade de suas paixões amorosas.

> [...] todas essas boas mulheres têm uma propensão fatal para se apaixonar e se enamorar de homens maus, acabando por cair no poder de amantes frívolos e perversos, às vezes depravados, que não só as abandonam quando se cansam delas, como também acrescentam à crueldade da traição o escárnio e a calúnia. Consequentemente, os motivos que levaram essas criminosas ao delito são sempre muito graves, e quase nunca constituídos pela única dor do abandono (Lombroso; Ferrero, 2017, p. 416).

Estão inclusas na tipificação de criminosa passional, de acordo com Lombroso e Ferrero (2017), os crimes ocasionados pela revolta contra maus-tratos e humilhações excessivas. Os autores advertem que, geralmente, a ofensa aos sentimentos maternos não se constitui como uma razão para a execução de atos passionais, o único cenário em que a maternidade pode impulsionar um crime passional é quando há "[...] vingança ou defesa de crianças contra o abandono ou a brutalidade de um pai; mas, felizmente, isto é raro; pois o homem civilizado conhece seus deveres elementares em relação à família" (Lombroso; Ferrero, 2017, p. 419).

É passível de observação que às mulheres criminosas, por adentrarem o âmbito público do crime, são atribuídas características masculinas e retiradas as características consideradas como tipicamente femininas, como a maternidade e a piedade. Elas saem da categoria mulher e passam a ser consideradas como não-mulher, como adverte Almeida (2001). Seus crimes determinam o quão distante elas estão das mulheres tidas como "normais".

As mulheres criminosas ficam em um limbo, um não-lugar, procuram sair do espaço privado e adentrar no público, mas, ao fazerem isso, não são incluídas em nenhuma dessas categorias. Quando seus crimes não se afastam muito do que é esperado no "ser mulher", apesar de lhes serem atribuídas características masculinas, recebem benevolência de juristas e da população civil, tendo penas abrandadas. Quando os crimes extrapolam o socialmente esperado de uma mulher criminosa, geralmente em casos que rompem todas as características maternais naturalizadas na mulher, casos que expressam crueldade, a mulher deixa de ser humana, se torna um monstro diabólico que merece uma punição potencializada. Para Almeida (2001, p. 145), "em relação a elas, a resposta à sociedade sobre os crimes que cometeram deve ser drástica, pois entram na categoria dos 'diabolizados', dos 'marginais', dos inimigos da sociedade, não importando se são homens ou mulheres".

Aos homens, portanto, uma pena maior pela delinquência, já que são seres contemplados pela completude, mais próximos da perfeição (Deus), e completamente racionais. Às mulheres a benevolência, por não serem completas são facilmente sugestionáveis, com racionalidade parcial. Mas às mulheres assassinas a condenação máxima, pois se mostram capazes de subverter a ordem que as coloca no lugar de subjugadas, de dominadas, de pessoas cuja voz foi silenciada e a visibilidade foi renegada; essas mulheres precisam ser recolocadas em seu lugar de inferioridade, de apagamento, logo são estigmatizadas e desumanizadas.

Para Butler (2018), o gênero se constitui como um tipo de violência simbólica, uma violência incessantemente incorporada nos corpos sexuados por meio de lógicas punitivas. Nos escritos da autora,

> Assim, como uma estratégia de sobrevivência, o gênero é uma performance que envolve consequências claramente punitivas. A distinção de gênero faz parte da "humanização" dos indivíduos dentro da cultura contemporânea; assim, quem não efetua a sua distinção de gênero de modo adequado é regularmente punido (Butler, 2018, p. 6).

Contudo, ainda de acordo com a autora, o corpo não é passivamente roteirizado pelos códigos culturais. O sujeito possui autonomia de escolha de seus atos, pode subverter e transgredir o papel que lhe é inculcado e esperado a partir do nascimento. Para Butler (2018, p. 13), os atos de gênero são performativos e, portanto, não há "[...] nenhum ato de gênero verdadeiro ou falso, real ou distorcido, e a postulação de uma verdadeira identidade de gênero seria revelada como uma ficção regulatória". Logo, é possível compreender que a performatividade do gênero é múltipla, mas a característica regulatória do gênero repreende alguns tipos de performances.

Almeida (2001) deixa evidente que os papéis sexuais dividem homem e mulher em seres opostos, sendo o homem forte, que possui o poder de agressão mais ou menos legitimado, e a mulher fraca, sensível, que não pode utilizar a violência. Sobre as mulheres assassinas, a autora menciona que

> [...] as estatísticas revelam um número mínimo de mulheres que matam em relação aos homens, correspondendo à realidade da mulher que, historicamente, foi "escondida" no espaço privado. Assim, a mulher comete menos crimes dessa natureza por ter sido socializada para o confinamento ao mundo privado, para ser mãe e esposa, cujas características de docilidade e fragilidade lhes foram atribuídas para cumprir seu papel de dedicação ao lar. A mulher foi educada para o "doce" lar, lugar da passividade e benevolência, e o homem para o mundo "cão", lugar do trabalho e da competição, onde deveria ser forte e viril para, de lá, retirar o sustento de sua família (Almeida, 2001, p. 21).

Embora os crimes cometidos por Elize e Suzane tenham sido, respectivamente, contra o marido e os pais, de acordo com Almeida (2001), há uma variedade de assassinatos realizados pela mulher e suas vítimas. Ademais, a autora explicita que as mulheres assassinas não são levadas a cometerem atos criminosos movidas exclusivamente por maus-tratos, há outras motivações que as impelem a realizar crimes.

Destarte, sobre a criminalidade e a violência feminina, Almeida (2001, p. 37) ressalta que

> As significações instituídas sobre a mulher e seu papel de mãe são tão fortes que não se aceita que ela possa matar, e de forma tão sangrenta. Mas novas significações podem surgir em relação à mulher e sua ação no mundo. O crime também faz parte dessa ação, tornando-se também uma forma de manifestação, de grito em relação a algo que não vai bem. Esse grito pode ser de defesa, de vingança ou outra coisa qualquer que possa expressar uma busca desesperada de sair de um cotidiano marcado pelo sofrimento. Esta mulher não deixa de ser humana, muito menos mãe e mulher culturalmente adaptada à sociedade cujos papéis sexuais estão bem definidos. Entretanto, ela agiu diferentemente da maioria das mulheres, saiu da condição de mulher pacata e dominada pelo homem para a condição

> de autora, buscando transformar a sua vida. Poderia ter sido por outros meios institucionais, como a separação, o abandono do companheiro e até a denúncia dos maus-tratos à polícia, mas, muitas vezes, são soluções inviáveis, dada a habitual violência do marido. A violência contra a mulher vem dificultando estas soluções institucionais, seja pelo medo de represálias ao denunciar um agressor, medo de se expor e expor os filhos, seja por desconfiança nas instituições de segurança pública e, ainda, por estar "habituada", socializada a esconder-se no espaço privado. Entretanto, muitas mulheres encontram na violência uma "solução", deixando de ser vítimas e afirmando-se como sujeitos. Neste caso, a mulher encontrou um caminho específico – o assassinato – que, de uma forma ou de outra, foi o meio de criar a pretendida transformação.

Uma das assassinas estudadas por Almeida (2001) matou e esquartejou o marido, após anos de abusos e maus-tratos. Essa mulher, diferente de algumas outras, não teve sua pena atenuada, embora "[...] penas baixas, nessa primeira categoria, em que a mulher mata o companheiro, movida por maus-tratos, são quase uma constante, com exceção do primeiro caso, pela forma como matou, alcançando um repúdio na sociedade e uma polêmica sem fim" (Almeida, 2001, p. 39).

O caso da mulher mencionado por Almeida (2001) se assemelha ao caso de Elize Matsunaga, que também matou e esquartejou o marido alegando uma vida de humilhações e violências dentro do casamento. Embora as classes sociais de ambas as assassinas sejam distintas, elas foram desumanizadas, repudiadas na época dos crimes pela sociedade. As assassinas deixaram de ser vistas como vítimas de atos violentos proferidos pelos companheiros, desse modo, não obtiveram a benevolência de juristas, não se constituíam mais como mulheres fracas e incapazes, se transformaram em seres cuja frieza permitiu o impensável para uma mulher: esquartejar um corpo. O esquartejamento, pela crueldade e suposta falta de força física imputada às mulheres, ainda levou a suposições de orquestração e planejamento do crime.

As mulheres domésticas, mães, trabalhadoras e dadas à condição feminina de vítimas, que matam seus companheiros, geralmente recebem uma pena bem menor do que as mulheres cujas imagens se afastam da tipificação feminina. "[...] quando ela sai da condição de dona de casa e mãe e passa ao mundo da rua, do álcool, do sexo fora do lar e das brigas – o universo masculino – elas são descaracterizadas e, assim, há uma tendência a penas maiores" (Almeida, 2001, p. 50).

É importante relembrar que Matsunaga e Richthofen tiveram suas vidas sexuais tornadas manchetes durante e após o processo de julgamento. A vida passada de Elize como garota de programa e a frieza de Suzane ao ir ao motel após o assassinato dos pais foram utilizados como recursos para a descaracterização de ambas como mulheres. A sexualidade aflorada é uma das características apontadas por Lombroso e Ferrero (2017) das criminosas natas, ou seja, das mulheres que se afastam do que é ser mulher. E, mesmo após serem condenadas, ambas foram colocadas como "rivais" no amor, por supostamente disputar a atenção e o interesse de outra detenta que teve relações amorosas com ambas.

Fato importante também é a descrença de juristas de que Elize Matsunaga agiu sozinha no assassinato e esquartejamento do marido. Para Almeida (2001), há a percepção de que a mulher nunca é a peça principal da trama, que elas agem em segundo plano, como no caso de Richthofen, que não participou efetivamente, ou diretamente, do assassinato dos pais – o namorado e o então cunhado foram os autores do crime. Sobre essa descrença, a autora sugere que "[...] essa compreensão de que a mulher não mata é mais uma forma de destituir da mulher o seu lugar público, o lugar de autora de ações públicas" (Almeida, 2001, p. 55).

Ao mencionar as descrenças que envolvem a mulher criminosa, a autora complementa e menciona que elas "[...] acabam por ainda resguardá-la no anonimato de mãe e de doméstica, retirando a possibilidade da ação pública da mulher a partir de sua vontade, retirando-a, inclusive, do lugar de sujeito do próprio crime" (Almeida, 2001, p. 139). E ainda afirma que o discurso hegemônico opta por minimizar a culpa da mulher assassina para que ela seja submetida a dominação masculina, negando-a como sujeito livre e ativo, capaz de realizar ações no espaço público.

O significado do assassinato para as mulheres, na perspectiva da autora supracitada, não visa apenas destruir o outro, é um modo de ser ouvida, de se expressar no espaço público, é uma busca de autoafirmação. Nas palavras da autora, o

> [...] assassinato irrompe como um acontecimento imprevisível na mulher, como a fala castrada que desabrocha para dizer o que não pode ser dito, como uma ação sem palavras carregada da fala invisível de quem permaneceu por muito tempo "escondida" no mundo doméstico e quis se expressar no espaço público (Almeida, 2001, p. 62).

O assassinato é, portanto, um ato não esperado das mulheres, que foram socializadas a partir da perspectiva do cuidado com o outro. A mulher, de acordo com Almeida (2001, p. 82),

> [...] não foi construída para práticas viris, como matar alguém, mas para comportamentos de mansidão, próprios da mulher pura, mãe e dona de casa, o espaço doméstico dos bons valores e costumes. Quando ela comete um assassinato, é da ordem do não explicável, do invisível, do indizível. O indizível, o inimaginável é o não-narrativo da violência, aquilo que não pode ser pensado como real, nem dito na vida cotidiana [...].

A dominação masculina constrói o feminino nos termos da inferioridade, da passividade, da maternidade, como expresso por autores anteriormente citados. O crime, como bem explicita Almeida (2001), se constitui para a mulher como uma forma de liberdade da repressão que lhe é imposta por meio de discursos de verdade criados e propagados em prol da continuidade da dominação masculina sobre os corpos e os seres femininos. É uma maneira encontrada para sair do anonimato e adentrar o espaço público.

O crime é, então, uma criação imaginária, possui representações e significações distintas para a pessoa que o comete. A autora adverte que é impossível analisar e julgar um crime corretamente analisando apenas os fatos e desconsiderando o que antecedeu o ato criminoso. O crime, portanto, é instituído (fato, ato) e instituinte (significações, o que levou a pessoa a cometer o ato, qual a representação que o ato criminoso adquiriu para a pessoa que o cometeu).

> O perfil da mulher, no Brasil, como emocionalmente mais frágil e passiva, cuja sexualidade é negada em nome da reprodução, diluiu no imaginário social a imagem da mulher vítima, incapaz de transgredir e violentar. Quando realizam ações desse tipo, são consideradas em segundo plano, como exceções. [...] a figura da mulher foi institucionalizada como esposa e mãe, e nada mais. [...] hoje, além da emoção e da paixão, muitas mulheres carregam em si a necessária frieza para cometer determinados crimes (Almeida, 2001, p. 104).

Para Almeida (2001), o crime pode adquirir a significação de uma forma de manifestação contra as estruturas machistas ainda vigentes, um meio de expressar a insatisfação das mulheres. A violência é um caminho para se fazer ouvir o crime

> [...] é, portanto, uma criação, uma nova maneira de questionar o que está instituído, como a normalidade das imposições masculinas e regras sociais que tendem a subestimá-la ou renegar a sua condição de ser sujeito de sua vida; embora uma forma de negação extrema do outro, que é contra a expressão maior da dignidade humana, o respeito pela vida, o assassinato cometido por uma mulher expressa algo mais do que a morte do outro (Almeida, 2001, p. 126).

Fica evidente, com o que foi exposto, que a criminologia etiológica positivista da segunda metade do século XIX é inconsistente e ambígua, pois, por um lado, retira as mulheres assassinas da condição de mulher e, por outro, concede a algumas mulheres assassinas a benevolência que atenua suas penas. Outrossim, para compreender os crimes é necessário que haja uma compreensão da relação existente entre o criminoso e a vítima. O assassinato feminino pode, em alguns casos, expressar mais do que apenas a aniquilação do outro, significando a busca pela libertação da dominação masculina, o anseio de adentrar o espaço público e tomar para si a condição de sujeito dos próprios atos.

As mulheres submetidas ao silenciamento pela dominação masculina buscam formas de se fazer ouvir, de impor sua voz, de serem reconhecidas, vistas, e, talvez o aspecto mais importante, de restabelecerem a sua autorrepresentação como sujeitos independentes, livres e capazes. Uma das vias encontradas é a violência. A violência executada pelas mulheres assassinas geralmente é destinada às pessoas que as silenciaram, que as fizeram se sentir insignificantes, como sugere Almeida (2001).

Com os apontamentos abordados até o momento, é possível supor que Suzane Richthofen e Elize Araújo agiram contra seus silenciadores e que seus crimes não se constituíram apenas como uma forma de aniquilar a vítima, mas como uma busca de autoafirmação, de tomada de poder momentânea por pessoas que foram controladas frequentemente em diferentes aspectos da vida. Entretanto, como a pesquisa não visa ser uma análise do crime e das criminosas, a suposição apontada anteriormente se constitui como uma de muitas outras possíveis.

ERA UMA VEZ UM CRIME: ELIZE MATSUNAGA

Elize Matsunaga foi condenada pela morte e esquartejamento do então esposo, Marcos Kitano Matsunaga. O crime, que inicialmente foi tratado como sequestro, teve ampla repercussão midiática, pois a vítima era herdeira de uma das empresas alimentícias do Brasil que prosperava, a Yoki. O crime que despertou o interesse da mídia era composto, portanto, por uma assassina branca de baixa estatura e uma vítima com alto poder aquisitivo. Elize sustentou, mediante e-mails forjados, a história de que o marido havia fugido com a amante. Entretanto, com o avanço das investigações e com as partes do corpo de Marcos sendo encontradas, a mulher confessou o crime.

O crime foi abordado recentemente pelo documentário em formato de minissérie *Elize Matsunaga: era uma vez um crime*, que traz depoimentos da assassina sobre os momentos que antecederam e sucederam o crime e sua condenação. Este capítulo se propõe a analisar os quatro episódios do documentário.

Para a análise da imagem produzida pelo documentário é importante considerar o seu efeito de real, isto é, o seu poder de

> [...] fazer ver e fazer crer no que faz ver. [...] As variedades, os incidentes ou os acidentes cotidianos podem estar carregados de implicações políticas, éticas etc. capazes de desencadear sentimentos fortes, frequentemente negativos [...] e a simples narração, o fato de relatar, *to record*, como repórter, implica sempre uma construção social da realidade capaz de exercer efeitos sociais de mobilização (ou desmobilização) (Bourdieu, 1997, p. 28).

A passagem explicita a potencialidade que filmes, documentários, telejornais etc. possuem em construir versões de realidades e em criar representações de determinados agentes a depender do que é valorizado no contexto sócio-histórico. Ainda segundo o autor, "[...] a mídia não cessa de intervir para enunciar veredITOS" (Bourdieu, 1997, p. 83), isto é, a mídia pretende, ao criar representações dos mais variados temas, influenciar o público nos seus juízos.

2.1 ESTADO CIVIL: VIÚVA

O primeiro episódio inicia com uma mão masculina abrindo uma filmadora e, na imagem transmitida na tela da câmera, aparece Elize. Uma voz masculina diz: *"Elize, a partir de agora eu vou fazer o seu interrogatório e eu vou gravar"*. O interrogatório começa, Elize está com os cabelos loiros, um moletom marrom e olhando para baixo. Após perguntas de apresentação, a voz masculina questiona: *"O seu estado civil?"*, Elize responde olhando para baixo e com a voz baixa: *"Viúva"*, o homem a questiona novamente, como quem não havia compreendido a resposta da mulher e, após Elize responder à pergunta olhando para frente, o homem diz: *"Agora é, né?"*. Nesse momento, a composição de Beethoven denominada Für Elise começa a tocar – o som transmitido remete às caixas de joias que tinham uma bailarina no centro e que, ao serem abertas, tocavam a melodia – e a câmera dá um close na gravação transmitida através da tela da filmadora. A primeira cena do documentário exibe uma tentativa de constranger a mulher que assassinou o marido.

O episódio continua e mostra o momento, em 2019, que Elize saiu da penitenciária feminina de Tremembé – local em que estava confinada desde 2016, quando foi julgada e condenada – no benefício concedido às pessoas em privação de liberdade denominado "saída temporária". Na porta da penitenciária é possível visualizar vários repórteres com seus microfones e câmeras posicionadas para capturar o momento. A advogada de Elize, Juliana, a espera ao lado do carro. Elize, junto a outras detentas, sai da penitenciária e abraça a sua advogada. A voz de uma repórter, sobreposta à gravação que está sendo exibida, diz: *"Com o rosto descoberto, Elize Matsunaga saiu pela porta da frente e foi recebida pela advogada. A 'saidinha', ou 'saída temporária', é um direito às pessoas presas que estão no regime semiaberto. Cinco vezes por ano, essas pessoas têm o direito a uma semana em liberdade. Elize nunca havia saído da cadeia desde que foi presa em junho de 2012"*. A quantidade de repórteres presentes na saída temporária de Elize, em 2019, demonstra que o crime cometido pela condenada teve importância midiática.

Uma das possíveis hipóteses para a relevância midiática do crime diz respeito à condição socioeconômica dos envolvidos. Marcos era um homem abastado, executivo de uma das grandes empresas alimentícias do Brasil, cuja posição, perante a sociedade patriarcal, se constituía como elevada. Elize, ex-garota de programa, de origem humilde, cujo corpo não possui valor, colocou fim em um corpo valorizado, cujo peso social era superior; além disso, a assassina é uma mulher branca que dispunha, na época do crime, de uma boa condição socioeconômica.

Agora, dentro do carro, com os repórteres em volta, sua advogada, Juliana lhe diz: "*Seja bem-vinda de volta ao mundo, meu amor*". A fala da advogada remete à quantidade de anos em que Elize ficou presa sem ter contato com o mundo exterior à penitenciária. A assassina confessa é transmitida em filmagens da época do ocorrido, tentando entrar no que parece ser a delegacia, escoltada por policiais e com vários fotógrafos tentado capturar o momento. A voz de um apresentador de telejornal diz: "*A história de uma anônima que ganha as manchetes policiais, quem é Elize Matsunaga?*". O corte para a nova cena mostra Elize dentro do carro, no banco de trás, com vários fotógrafos e cinegrafistas tentando capturar imagens dela através do vidro do carro, que está fechado.

Um corte nos leva para Thaís Nunes, jornalista investigativa, uma das personagens recorrentes do documentário, que está no que parece ser a sala de sua residência. Thaís diz: "*Durante sete anos, eu tentei entrevistar a Elize*". A fala da jornalista elucida a dificuldade em conseguir com que Elize falasse sobre o crime com a imprensa, o que sugere o êxito do documentário em conseguir a entrevista e as gravações com Elize no momento de sua saída temporária em 2019. Áudios da primeira caracterização da mulher, feita pelos telejornais da época em que o crime aconteceu, são colocadas no documentário como som de fundo enquanto as imagens exibidas são as da câmera interna do elevador, que mostra Elize carregando três malas. A mulher é descrita, pelas falas dos apresentadores dos telejornais e programas sensacionalistas, como uma mulher fria, que matou e esquartejou o corpo do marido sem apresentar remorso. A advogada de Elize, Juliana, que agora é filmada sentada em uma poltrona do que parece ser a sala de sua residência, reforça a fala de Thaís ao dizer: "*Elize nunca deu nenhuma entrevista para nenhum veículo de comunicação*".

Dentro do carro, agora já em outro ambiente, longe da penitenciária e dos repórteres que a filmavam, Elize, com os olhos marejados, pergunta para Juliana: "*A senhora sabe dela?*", a advogada responde em negativa, Elize olha para baixo, enquanto a advogada, que tem apenas seus olhos refletidos no retrovisor, continua: "*Não, mas eu vou tentar descobrir essa semana. Você sabe que tá com os avós, né?*", Elize responde que sabe e enxuga as lágrimas que se juntam nos cantos dos olhos. O diálogo citado remete à filha de Elize, que era um bebê quando a mãe foi presa. A construção da cena mencionada deixa explícitos dois sentimentos principais que se misturam quando a criminosa se refere à filha: a tristeza e a saudade. Além disso, já é mostrado logo de início que a premissa da série se centrará na preocupação de Elize com a filha.

Será recorrente, no documentário, a associação de Elize com a maternidade. De acordo com Emidio e Hashimoto (2008), foi no século XVIII que surgiu um novo conceito de amor materno para a burguesia – até então a relação entre a mulher e a maternidade visava apenas à procriação para gerar herdeiros. A nova maternidade, no momento histórico de industrialização, é impulsionada pela necessidade de sobrevivência das crianças, de acordo com os autores supracitados,

> [...] surgiu o discurso que se fundava na felicidade e igualdade e as promessas de obtenção de cidadania para as mães que assumissem seu papel.
>
> Algumas mulheres perceberam que desta maneira adquiriam uma importância e poderes que jamais tiveram na sociedade, em uma "atividade" que os homens jamais poderiam exercer; e então passaram a assumir esse papel, construindo o papel da mãe dentro da sociedade e dando a este sentimento de 'amor materno' o sentido esperado pelo Estado, isso proporcionou a queda da mortalidade e o aumento da natalidade e também o sentido esperado por elas que passaram a dedicar a seus filhos um amor que se tornou inquestionável e deu à palavra mãe um sentido amplo e sempre associado a sentimentos positivos (Emidio; Hashimoto, 2008, p. 29).

A maternidade confere, portanto, às mulheres uma posição social valorizada. Dito de outro modo, é por meio da maternidade que corpos femininos (em geral, burgueses) passam a ter valor. A maternidade passa a ser, desde então, atrelada à constituição da identidade feminina. A partir do discurso médico e religioso, a maternidade foi naturalizada e passou a ser intrínseca à feminilidade. Almeida (2001) menciona que da mulher maternal é retirada a concepção de imoralidade e perversidade.

Nas palavras de Emidio e Hashimoto (2008, p. 30):

> O novo perfil de mãe criado envolve todo um aspecto místico a ela associado, criando o hábito de pensar que toda boa mãe é uma santa mulher. Afirma, para esta mulher, a posição de status na sociedade e no núcleo familiar; dando-lhe o

poder, que este status lhe confere, sobre a vida dos filhos e sobre o crescimento e desenvolvimento destes.

Ao construir a sua narrativa a partir da preocupação com a filha, Elize se coloca como boa mãe e, portanto, reivindica para si um aspecto socialmente estimado: a maternidade. A completude de si, no caso de Elize, passa a ser definida a partir do nascimento de sua filha. O documentário a partir do apelo à maternidade da criminosa, indica que o respeito e a admiração às mulheres ainda estão intimamente ligados à maternidade na sociedade contemporânea.

Nas palavras de Nunes (2011), mesmo que atualmente a maternidade não se constitua mais como condição suficiente para definir as mulheres, a associação entre feminilidade e maternidade está presente no imaginário social sobre o que é ser mulher, desse modo, ainda há a ideia de que a plenitude feminina é alcançada por meio da maternidade. É importante ressaltar que a maternidade socialmente valorizada, que visa a manutenção da família mediante o cuidado com a prole, é a concebida por meio do matrimônio e, portanto, uma mulher se completa apenas a partir da família constituída pelo marido e pelos filhos.

Adiante, no que parece ser um estúdio de gravação com o fundo escuro, Elize se senta. Ela veste um blazer preto e uma blusa cinza e pouca maquiagem. A voz de um homem, que futuramente iremos descobrir ser do advogado de Elize, diz: "*Hoje é o dia que você vai contar a tua história para a sua filha*". Enquanto o rosto de Elize está em primeiro plano, com a maquiadora fazendo os retoques finais, a mesma voz masculina diz: "É só você ser verdadeira. Fala a sua verdade e pronto". Um novo corte nos leva para Elize secando as lágrimas de seu rosto, com a maquiadora fazendo os retoques e a voz do advogado diz: "*Sem ficar tensa, vai. Hoje é um dia bom.*". Esse trecho da série exibe as motivações que levaram Elize a conceder a entrevista depois de 9 anos e deixa implícito o receio de ser apenas por meio do documentário que sua filha, criada pelos avós paternos, conheça a sua versão dos fatos que culminaram no assassinato de Marcos.

Elize, que está com lágrimas no rosto, diz:

> *Bom, eu respeito a opinião das pessoas em primeiro lugar. Eu sei que tem pessoas que compreendem o que aconteceu e sei que tem pessoas que me abominam. Sei que tem pessoas que me julgam. E tudo bem, é a opinião delas. Mas, pelo fato de eu ter ficado todos esses anos longe da minha filha, eu fiquei com medo de não poder mais encontrá-la, então, eu quero ter a oportunidade*

de falar pra ela o que houve de verdade. "Olha minha filha, eu tentei fazer diferente. Eu tentei não errar, mas eu não consegui" (Elize, 2001, n.p.).

Um corte nos leva para Patrícia Kaddissi, advogada da família Matsunaga, que está no que parece ser a sala de jantar de sua residência. Patrícia diz: "É... eu acho que, se ela tivesse pensado na filha, ela não teria feito o que ela fez. Ela sequer concordaria em participar desse documentário".

À luz das contribuições de Sorlin (1985), é possível notar que o sistema relacional – relação constituída entre indivíduos e grupos que expressam, dentre outras coisas, valores e influências – no documentário, é construído a partir de antagonismos entre a defesa e a acusação de Elize Matsunaga, com destaque para os jornalistas que participam da produção dando seus depoimentos acerca dos fatos, ora contribuindo para a criação da imagem defendida pela acusação, ora validando a imagem criada pela defesa.

A vítima, Marcos Kitano Matsunaga, tem seu desaparecimento noticiado nos telejornais, ele é caracterizado como herdeiro de uma das maiores indústrias alimentícias do país. O documentário estabelece sequências intercaladas entre entrevistas – concedidas por amigos, familiares, advogados, peritos, delegado, promotor, jornalistas e repórteres – simulações, notícias da época do ocorrido, fotos, filmagens da câmera interna do elevador e gravações de Elize feitas para o documentário. Os entrevistados, geralmente, aparecem em plano médio[1] ou primeiro plano[2].

Flávio, amigo de Marcos, diz que achava que Marcos estava sendo treinado para assumir a empresa (Yoki) em determinado momento. De acordo com Osvaldo, um colega de Marcos, *"O Marcos estava ligado à maioria dos projetos de expansão da empresa. A Yoki, em um espaço de 11 anos, cresceu mais de dez vezes. Uma empresa que eu vi deslanchar, né?".* As falas supracitadas demostram que Marcos tinha um cargo importante dentro da empresa de sua família e, além disso, abrem espaço para introduzir a primeira hipótese sobre o desaparecimento de Marcos. Em 2012, a Yoki estava em processo de venda para a General Mills, multinacional estadunidense.

Thais Nunes, em entrevista para o documentário, diz: *"Eu recebi uma informação de que um grande empresário, de uma das famílias mais ricas do*

---

[1] Plano médio é aquele cujo enquadramento mostra a pessoa da cintura para cima.

[2] Primeiro plano é aquele cujo enquadramento mostra a pessoa do ombro para cima.

país, está desaparecido. A suspeita é sequestro, porque a empresa estava sendo vendida naquela semana, e não era qualquer negociação. Era uma negociação de quase dois bilhões de reais. Tinha muito dinheiro envolvido nisso". Luiz Flávio D'Urso, advogado que representa a família Matsunaga, aparece sentado em seu escritório (local de serviço), e menciona que: *"Há uma negociação em andamento, e o Marcos Matsunaga estava participando junto com seu pai, junto com outros diretores, e desapareceu, simplesmente, no meio da negociação".* A fala de Thaís e de Luiz Flávio sublinham a relevância da vítima frente aos acontecimentos de venda e sua posição privilegiada dentro da empresa.

Interpostas as cenas das entrevistas e dos noticiários realizados na época do crime, um carro preto aparece em movimento por uma área rural, ao estacionar, a câmera que mostrava o veículo através de uma perspectiva aérea, mostra o veículo em uma perspectiva lateral. É possível observar os pés de uma pessoa que sai do veículo e se dirige ao porta-malas. Toda a cena tem como som de fundo uma melodia tensa. Em sequência, Luiz Flávio, em primeiro plano, alega que quem relatou o desaparecimento de Marcos foi Elize, sua esposa. A sequência, para os telespectadores que possuem ciência do caso, deixa subentendido que a pessoa que desceu do carro preto era Elize e que ela estava desovando os pedaços do corpo de Marcos.

Há uma simulação de um e-mail escrito por Elize para o reverendo, René, que realizou a cerimônia de seu casamento com Marcos e atuava como uma espécie de conselheiro espiritual/matrimonial. As palavras visíveis do e-mail escrito são: *"O Marcos saiu de casa há 2 dias e não dá notícia, a família e eu estamos preocupados, ele comentou alguma coisa com o sr.? Obrigada. Elize"* (Elize, 2021, n.p.).

O documentário transmite uma série de fotos do casal em viagens. Falas de Elize, que retratam o carinho e a companhia prazerosa de Marcos, são sobrepostas às imagens exibidas. Thaís diz que é possível supor que, no início, a relação de Marcos e Elize era harmoniosa, mesmo que a condição financeira de Marcos fosse bastante superior à de Elize. Esse é o primeiro momento da série que indica que Elize e Marcos dispunham de condições socioeconômicas distintas.

Roseli, tia de Elize, é entrevistada em Chopinzinho, cidade natal de Elize. A avó de Elize, Maria, aparece sentada ao lado da tia. É possível observar pelo local onde a entrevista foi gravada, pelos utensílios e pelas atividades que exerciam quando foram filmadas – Roseli fazendo café, colocando a mesa para servir – que ambas possuem uma vida simples e uma condição socioeconômica humilde. As fotos exibidas das viagens de Marcos e Elize se estabelecem como uma contraposição às condições socioeconômicas dos familiares de Elize. As imagens chamam a atenção para uma atividade que o casal gostava de realizar juntos, a caça para o consumo de animais silvestres. Elize menciona que Marcos e ela gostavam de caçar e que ambos se entendiam assim.

Elize expõe o desejo de ser mãe e a dificuldade em engravidar. Em uma das cenas do interrogatório de Elize, um homem interroga: "É... quando que seu casamento começou a desabar?", Elize responde: "*Quando eu descobri que ele tinha outra dois anos atrás*", Elize descreve como descobriu a traição a partir do histórico de conversas no Skype e como Marcos tentou negar o caso, falando que era coisa de trabalho. Elize aponta que foi a gravidez que a fez desistir do divórcio. De acordo com a mulher, a gravidez veio em um momento complicado do relacionamento dela e de Marcos. Ao narrar o momento turbulento que passou após descobrir a traição, Elize parece aflita e séria, mas sua expressão muda quando ela fala que descobriu que estava grávida. A mulher parece se sentir feliz e aliviada com a confirmação da gravidez.

O parque de diversões aparece desfocado quando Elize relata as complicações de seu matrimônio e a dificuldade de engravidar, mas depois de dizer que tinha conseguido engravidar, Elize é posta em foco na roda gigante. A roda gigante parece se constituir como metáfora do relacionamento que a mulher mantinha com seu esposo, cheio de altos e baixos. Além disso, pode-se considerar que a roda gigante também metaforizava os relacionamentos de Marcos com as mães de suas filhas, que era, de certo modo, cíclico, considerando seu envolvimento com prostitutas. O desfoque da câmera pode insinuar os momentos confusos da mulher em relação a Marcos, já o enquadramento dela evidencia que a gravidez deixou tudo mais claro e ordenado.

A advogada, Juliana, evidencia que foi a maternidade que a aproximou da assassina condenada. Juliana conta que conheceu Elize nos bancos da faculdade, enquanto lecionava para ela. Seu marido, Luciano, também advogado de Elize, fala que também deu aula para a cliente. Luciano é entrevistado em um escritório, enquanto sua esposa é entrevistada na sala de sua residência.

Um fato observado nos cenários das entrevistas é que os advogados, o delegado, o promotor e os médicos legistas são todos entrevistados em seus respectivos ambientes de trabalho, em contrapartida, as duas advogadas concedem a entrevista em ambientes que remetem aos seus lares.

O ambiente de trabalho dos dois homens aqui mencionados está carregado de elementos que remetem ao público, ao serviço fora de casa. A sala que aparece atrás de Luciano remete a uma sala de reuniões com clientes e sócios/outros advogados, o móvel atrás dele contém o que parece ser livros referente à sua profissão – que podem ser consultados quando necessário, por fim, em cima de sua mesa há, de modo organizado, pastas que remetem a documentos processuais. Já o cenário de José Carlos possui uma garrafa de café ao fundo, com duas xícaras, o que é pouco comum quando o trabalho é realizado em casa, pois, nesse caso seria comum que a garrafa de café ficasse na cozinha.

Em ambientes com outras configurações, mas que ainda remetem ao trabalho, estão o delegado Mauro e os dois médicos legistas, Jorge e Sami, além de Luiz Flávio, o outro advogado da família Matsunaga.

É perceptível ainda que o ambiente em que Patrícia concede a entrevista é mais escuro, com uma iluminação amarelada e fundo arroxeado, dando uma sensação de algo carregado. Já o cenário de Juliana é mais claro, mais *clean* e dá uma sensação de leveza. Na cena de Patrícia o que transmite a sensação de ambiente doméstico são os abajures, não comumente encontrados em ambientes de trabalho. Já a configuração do cenário de Juliana é totalmente doméstica, a poltrona, a mesa de centro, a mesa de jantar.

Em outras palavras, todos os homens diretamente envolvidos no julgamento, seja da acusação ou da defesa, se mostram no ambiente público, fora de casa; já as mulheres ficam na ordem do privado, no interior de seus lares, embora desempenhem funções empregatícias públicas equivalentes aos dos homens apresentados. O confinamento da mulher no âmbito privado é uma característica tipicamente patriarcal. É passível de observação que a advogada de defesa demonstra aproximação pela maternidade – aspecto ligado ao feminino – e a advogada da família Matsunaga, Patrícia, é quem menciona que se Elize tivesse tido preocupações maternais ela não teria cometido o crime ou teria concedido a entrevista para o documentário. A maternidade que oferece, nas palavras de Juliana, a plenitude da mulher é desqualificada como característica intrínseca a Elize por Patrícia.

Ainda mencionando a maternidade e o nascimento da filha, Elize diz que Marcos ficou emocionado, pediu perdão e disse que não iria mais traí-la. René, o reverendo, revela que o momento mais bonito que presenciou entre Marcos e Elize foi na maternidade, quando ambos sorriam intensamente. Há um corte para as gravações do interrogatório de Elize em que o interrogador, mencionando as traições, pergunta: "*Mas você perdoou de coração ou você ficou com o pé atrás? O que aconteceu?*", Elize responde: "*Eu perdoei*", e o interrogador reforça o questionamento: "*Perdoou?*", ao que ela responde: "*Achei que não faria mais*". A insistência do interrogador, ou a incredulidade na resposta dada por Elize, é um demonstrativo de que o crime estava ligado a recorrência dos casos extraconjugais.

Há um corte para a simulação de um e-mail sendo escrito por Elize. O remetente era o reverendo René e se tratava de uma resposta a um e-mail já enviado. A melodia da música ao fundo começa a ficar mais tensa. O e-mail dizia:

> *Muito obrigada Rev. Realmente meu estado não é dos melhores, preciso ser forte pela minha filha, espero que encontrem logo o Marcos, estou desesperada e com muita pena da mãe dele, eu nem consigo imaginar como é difícil para uma mãe não saber o paradeiro de seu filho... espero que a polícia consiga resolver [...] muito obrigada pelas orações* (Elize, 2021, n.p.).

Mais à frente, Elize fala que as brigas começaram após seis meses do nascimento da filha, menciona que a forma como era tratada e o casamento haviam mudado. Um corte leva a sequência fílmica para o interrogatório, quando Elize dizia: "*Ele saía. Não dava muita bola. Ficava com a gente só de vez em quando. Eu precisava insistir para ele participar*". O interrogador questiona: "*Mas em razão do trabalho? Não?*", Elize olha para o lado e para frente e diz: "*Ele falava que era*". Continuando o diálogo, o interrogador diz: "*Entendi. E você?*", Elize torce a boca, olha para o chão e diz: "*No princípio acreditei que era pelo trabalho, mas depois eu achei que tava alguma coisa estranha*".

A maternidade aparece aqui como aspecto transformador do homem e da relação conjugal. Inicialmente, com o nascimento da filha, o homem se modifica e passa a estimar a proximidade com sua família, entretanto, essa mudança súbita dura pouco tempo. No documentário a maternidade adquire um papel centralizado. Como será exposto, a maternidade não se coloca apenas na presença, mas também na ausência. A ausência é colocada na relação que a assassina possui com a mãe biológica, que possui poucas menções no documentário e foi a responsável pela convivência de Elize com o padrasto – seu abusador. A presença da maternidade é posta na relação com a sua tia, mulher que Elize tem como mãe, e com a sua filha.

Um documento é transmitido, nele está contido um e-mail de Elize enviado para Marcos, a data que consta é 23 de março de 2012 e o assunto é denominado "Decisões". Os trechos contidos no e-mail deixam claro seu descontentamento com o casamento e a vontade de voltar para o Paraná. Elize, de modo comparativo à ex-mulher de Marcos, se coloca como a esposa que estaria disposta a enfrentar os problemas para manter a relação. Recordemos que Marcos conheceu Elize em um site de garotas de programa e iniciou o romance com ela enquanto ainda era casado com sua ex-mulher. Elize se vê na situação da ex-mulher de Marcos, uma mãe que vivencia um casamento em colapso.

> *[...] Acorda, to suplicando, antes que vc tenha CULPA por duas filhas que estarão longe! E além disso lembra que teve 02 casamentos que não deram certo, um com uma mulher que não te amava o suficiente pra tentar melhorar, simplesmente viu o casamento acabar e não fez NADA!*

> *e outra que lutou om todas as forças pra não acabar porque TE AMA MUITO!!!!!!!!!!!* (Elize, 2021, n.p.).

De acordo com Patrícia, advogada, Marcos tentou retomar a harmonia do casamento por meio da terapia sugerida pelo reverendo. O reverendo, no interrogatório, menciona que acreditava que ambos tinham o desejo de formar uma família saudável. Um e-mail enviado de Marcos para Elize com o assunto *"Lembra do que eu te disse no começo"* é transmitido. Nesse e-mail Marcos escreve que foi Elize que fez dele um homem, que possui interesse em manter a relação e que, para isso, precisam acertar algumas coisas e corrigir os erros que ele cometeu. Em um trecho ele diz: "*[...] cometi muitos erros e fui muito fraco, mas ao mesmo tempo você também fez muitas coisas que me magoaram*" (Elize, 2021, n.p.).

Elize diz que questionava o marido sobre a existência de outra mulher e que Marcos negava as traições falando que ela era louca e que imaginava coisas onde não existia. Uma sequência de cenas que deixam implícito que Marcos estava tendo um caso, novamente são demonstradas, o reverendo fala para os interrogadores que ele achava que Elize percebeu que apenas ela estava cumprindo o trato firmado pelos dois em reconstituir a harmonia matrimonial. Devido à violência psicológica que Marcos infligia, Elize sentiu a necessidade de ter provas para confrontar o cônjuge e, para isso, ela contratou um detetive particular que conseguiu imagens de Marcos com outra mulher. Elize relata que estava em Chopinzinho quando o detetive ligou e contou que Marcos estava com outra mulher.

A assassina confessa, na entrevista, aparece com o rosto avermelhado pelo choro, os olhos com lágrimas e com a voz embargada inicia sua fala:

> *Nossa, a segunda noite, eu fiquei arrasada, eu fiquei [...]. eu me senti humilhada, porque o detetive ligou pra mim e falou: 'Olha, ele tá num restaurante japonês'. E eu... eu perguntei: 'qual?'. Não tô acreditando que ele fez isso, porque era um restaurante que a gente frequentava tanto. A gente frequentava o balcão, inclusive. Conversávamos com o chef. Ela continua sua fala com o semblante sério: "Foi o restaurante que eu apresentei pra ele"* (Elize, 2021, n.p.).

Elize menciona que voltou para São Paulo para pegar a gravação com o detetive e resolver sua vida.

Uma encenação de Elize mostrando as provas obtidas da traição para a família de Marcos é colocada em exibição, esse fato teria ocorrido após o desaparecimento. No relato feito por Luiz Flávio, advogado da família de Marcos, Elize teria dito para a família Matsunaga que após o homem ser confrontado sobre o caso extraconjugal o esposo teria pegado uma quantia de dinheiro, algumas roupas e saído do apartamento onde residiam. Luiz Flávio indica que a família de Marcos ficou espantada com as alegações de Elize já que, nas palavras do advogado, Marcos era apaixonado por Elize. Um e-mail endereçado para Mauro, irmão de Marcos, foi enviado no nome de Marcos, onde o remetente dizia que estava bem, mas não podia falar naquele momento. Com esse e-mail, a família se tranquiliza e descarta a possibilidade de sequestro. Luiz Flávio menciona que o e-mail deu credibilidade à versão trazida por Elize e que os familiares começaram a supor que Marcos estava com a amante. Desse modo, a assassina teria dissimulado o ocorrido a fim de obter confiança e manter a proximidade com a família da vítima.

A sequência de cenas revela que pedaços de um corpo foram localizados na zona rural de Cotia, junto a peças de roupa de grife ensanguentadas. A roupa encontrada e algumas características do corpo possibilitam a conclusão de que a vítima desfrutava considerável poder aquisitivo. É possível perceber que a calça e a blusa encontradas junto aos restos mortais eram as mesmas que Marcos vestia no último momento em que foi gravado com vida – pela câmera de segurança interna do elevador. Mauro, o delegado do caso, em seu escritório relata que, antes de identificarem a vítima, já era possível supor que se tratava de um crime de ódio e que a vítima e o autor do crime partilhavam de uma proximidade.

Um encontro entre Elize e sua tia, Roseli, é estabelecido em sequência. A mulher que estava desfrutando do benefício da saída temporária relata que sua tia sempre a visitava na penitenciária e que ambas possuem uma relação maternal. Nos capítulos que se sucedem, a presença e a importância de Roseli na vida de Elize é evidenciada. Uma cena em retrospecto de uma menina loira, adolescente, adentrando uma mata é exibida rapidamente. No episódio final a encenação é revelada como a fuga de Elize da casa de sua mãe após ter sido abusada pelo seu padrasto. A encenação da fuga de Elize é posta de forma simbólica podendo se constituir como justificativa para a proximidade entre tia e sobrinha.

Elize recorda momentos conturbados do casamento, em que era ofendida e humilhada por Marcos. A sequência de cenas e diálogos deixam subentendidos que o assassinato foi decorrente da violência psicológica sofrida pela mulher assassina. De acordo com Elize, a vítima fazia ameaças de que iria interná-la. Em interrogatório o reverendo revela que foi ele quem sugeriu que Marcos buscasse um psiquiatra para medicar e tranquilizar Elize e analisasse a possibilidade de internação da mulher. Elize revela que fez estágio em hospital psiquiátrico e que as pessoas internadas ficavam dopadas e que seu receio com a internação era de não poder mais ver a sua filha. Segundo a assassina, Marcos usava a maternidade como ferramenta de abuso psicológico. Elize, em entrevista, diz:

> *Numa de nossas intermináveis brigas, na sala de jantar, eu falei que eu ia embora pro Paraná. E ele ficou tão nervoso. Ele falou... É... "Vai. Vai pra lá. Você não ousa levar minha filha. Deixa minha filha aqui. Se for e levá-la, você vai levar um tiro e não vai saber nem da onde veio"* (Elize, 2021, n.p.).

Logo após o trecho da entrevista, um repórter noticia: "*A cabeça tem uma perfuração provocada por um tiro que entrou na lateral do couro cabeludo e saiu na altura da mandíbula*" (Elize, 2021, n.p.). Conclui-se que Elize executou o marido da mesma forma que foi ameaçada. A partir do trecho da entrevista supracitado e do e-mail que Elize enviou para Marcos, é possível notar que a mulher tentou se separar do marido e que, nesse processo de brigas e conversas com seu companheiro, foi ameaçada de ser internada e de ter a filha retirada do seu lado. Para Almeida (2001), mulheres matam seus silenciadores, os algozes que as privam da possibilidade de expressar e concretizar suas vontades, que as confinam no ambiente privado. De acordo com essa definição e mediante as ameaças e violência psicológica que exercia sobre Elize, Marcos se insere como silenciador da assassina.

Em uma sequência de cenas que intercalam as entrevistas, gravações antigas de viagem do casal, gravações da câmera de segurança interna do elevador, gravações do detetive e reportagens da época em que o crime ocorreu, a história da fatídica noite é contada por Elize. De acordo com os relatos, Marcos havia saído para pegar uma pizza – as imagens obtidas pela câmera do elevador mostram que o homem estava visivelmente nervoso, chutando o rodapé do elevador – e, na mesa de jantar, o casal havia começado uma nova discussão, foi quando a mulher revelou que havia contratado um detetive particular e tinha provas de que o marido estava tendo um caso. Ao ser confrontado com as provas, Marcos a agrediu e a colocou como culpada da situação. Nas palavras da assassina, *"Eu só sei que fui pro móvel, na outra sala, e peguei minha arma. 'Atira, sua fraca. Atira. Ou some daqui. Vai pro Paraná com a sua família de bosta. Deixa a minha filha aqui'"* (Elize, 2021, n.p.).

Seguindo para o final do primeiro episódio, gravações de noticiários antigos são transmitidos e mostram a assassina entrando no Departamento de Homicídios da Polícia de São Paulo. Elize confessa o crime. O repórter Lucas, um dos entrevistados que acompanhou o crime em 2012, diz que é difícil acreditar que Marcos teria sido executado devido a uma traição quando havia uma transação de dois bilhões sendo concretizada. A fala de Lucas dá a entender que Elize teria assassinado o marido por dinheiro. A concepção de que a assassina agiu impulsionada por interesses de ordem econômica e, portanto, que o crime teria sido premeditado, é adotada pela acusação e passa a ser divulgado pela mídia, descredibilizando a versão contada pela mulher.

A sequência de cenas exibe uma Elize que dissimulou várias situações após ter assassinado Marcos, como ter enviado o e-mail em nome dele, ter mostrado o vídeo da traição do esposo à família Matsunaga, levando-os crer que o homem havia fugido com a amante. De acordo com Patrícia: *"Ela foi extremamente dissimulada. A todo momento ela interpretou um papel de vítima, sabendo que ela tinha acabado de assassinar o marido, de esquartejá-lo. E ela conseguiu desempenhar esse papel"* (Elize, 2021, n.p.).

Em uma das falas finais do primeiro episódio, Elize menciona que não sabe precisar que tipo de emoção ela estava sentindo no momento que apertou o gatilho. Nas palavras da autora do crime *"Eu tava sentindo raiva dele. E tava sentindo... medo. Eu tava sentindo... alívio de eu não estar louca."* (Elize, 2021, n.p.). Novamente a tese de Almeida (2001) se faz presente nas falas de Elize, uma mulher que aparentemente foi silenciada e que encontrou por meio do assassinato uma forma de ser ouvida. A exibição do vídeo da traição para a família de Marcos, demonstra uma tentativa de validação frente a uma situação em que ela era colocada constantemente como louca e paranoica.

2.2 UMA VIDA DE PRINCESA

O segundo episódio denominado *Uma vida de princesa* inicia com um embate discursivo. De um lado temos Luciano, advogado de Elize, mencionando que o réu que não muda a versão está falando a verdade e sugerindo que a assassina não fez modificações na sua versão. Do outro lado temos Jorge, o médico legista, diz que, tecnicamente, a versão de Elize se constitui como uma inverdade e que os fatos não se sucederam da forma como foram abordados pela mulher.

José Américo, identificado como amigo de Elize, sugere que se o caso fosse encaminhado para outro promotor, que não midiático, o resultado do julgamento talvez seria distinto. O promotor, José Carlos, tem sua primeira aparição demonstrando seu descontentamento com a forma como sua voz estava saindo na entrevista. A sequência que mostra as reclamações do promotor parece ser utilizada para reforçar a concepção expressa por José Américo. Para o promotor, assim como para Jorge, a versão de Elize é falaciosa e apresenta inconsistências. Com o desenvolvimento das investigações se aproximando de Elize, Mauro e Luiz Flávio mencionam que a mulher confessou o crime visando a redução da pena. Para o advogado da família Matsunaga, Elize confessa que assassinou o marido na intenção de afirmar que o fato decorreu de legítima defesa.

Segundo José Carlos: *"Se, de repente, fosse esse homicídio passional e com ocultação de cadáver, teria uma pena de sete anos. Poderia ser reduzida até dois terços, ela é ré primária"* (Elize, 2021, n.p.). Como Elize foi sentenciada a mais de 19 anos, nessa cena se evidencia que o discurso acatado pelo juiz ao estabelecer a pena foi o da acusação da ré e, portanto, que o discurso proferido pela acusação estaria mais próximo da "verdade" que o discurso proferido pela ré e pela defesa.

Para Foucault, o que é considerado verdadeiro e falso depende do discurso dominante. Segundo Foucault (1995, p. 232), "[...] enquanto o sujeito humano é colocado em relações de produção e de significação, é igualmente colocado em relações de poder muito complexas".

> O exercício do poder consiste em "conduzir condutas" e em ordenar a probabilidade. O poder, no fundo, é menos da ordem do afrontamento entre dois adversários, ou do vínculo de um com relação ao outro, do que da ordem tudo "governo". [...] governar, neste sentido, é estruturar o eventual campo de ação dos outros (Foucault, 1995, p. 244).

A passagem de Foucault nos leva a concluir, em conjunção com a pena estabelecida a Elize, que o discurso da acusação estaria, no momento do julgamento, mais próximo do discurso socialmente dominante. Desconsiderou-se, provavelmente em decorrência do poder aquisitivo da vítima e do passado como garota de programa da assassina, que o crime se deu em decorrência das situações humilhantes, traições e ameaças impostas à mulher pelo então esposo. A sentença de um crime parece ser embasada mais pela pessoa que foi vitimada e pela relação entre agressor e vítima do que pelo crime em si.

Kimmel (2022, p. 474), ao analisar a realidade estadunidense, estabelece que as mulheres condenadas por homicídio recebem uma pena inferior em comparação com a pena aplicada aos homens, mas "[...] essa diferença no tempo da punição parece ter menos a ver com o gênero do assassino e mais com as circunstâncias do assassinato, o histórico criminal passado do criminoso e sua relação com o assassinado [...]".

Uma série de cenas tecem discussões sobre como a assassina condenada se apresentava no tribunal. As reportagens descreviam as roupas usadas pela mulher, como estava seu cabelo. Thaís diz que Elize era um grande trunfo para a defesa devido à maneira como ela se portava no julgamento. De acordo com Mauro, Elize se apresentou como uma mulher frágil e debilitada. Para Patrícia, a assassina construiu um perfil de mulher indefesa como justificativa para o crime.

Cordeiro (2014), ao fazer uma análise sobre a relação, na modernidade, entre a aparência e o caráter, conclui que a aparência se constitui como um fator determinante de avaliação social. E, embora esteja abordando o contexto para a concepção do homem-médio, as contribuições da autora se fazem úteis para a compreender a importância da apresentação de si como frágil e debilitada.

Segundo a autora, "na modernidade, a aparência tornou-se fundamental enquanto ferramenta de avaliação do carácter dos indivíduos, existindo a convicção na existência de uma relação de causa e efeito entre interior e exterior" (Cordeiro, 2014, p. 27). Desse modo, a assassina pretende transmitir ao júri, a partir da imagem de si, a sensação de que é inocente por ser uma mulher frágil – talvez dando a percepção de ser indefesa.

Sobre a reconstituição das cenas do crime, Elize alega que foi um momento difícil pois teve que mostrar o que ocorreu na presença da tia, Roseli, e da filha (ainda bebê). Elize relata os acontecidos, a briga, os xingamentos proferidos por Marcos, a violência física sofrida. Na entrevista concedida para o documentário, Elize diz que pegou a arma por estar com medo do que o marido poderia ter feito com ela naquele momento. Nas palavras de Elize: *"Eu... eu fiquei com medo que ele fosse bater mesmo, sei lá o que ele ia fazer. Ele tava com muita raiva. Ele ficou transtornado quando eu falei do detetive"* (Elize, 2021, n.p.).

Na cena que se sucede a reconstituição e ao relato de Elize, Flávio, amigo de Marcos, sugere que Marcos era tímido e que, portanto, não poderia ser uma pessoa violenta. Nas palavras do amigo, a vítima nunca teria alterado o tom de voz, brigado ou agredido. A relação entre uma pessoa tímida e a inviabilidade de violência é sem nexo. Ademais, o próprio Flávio comenta em cenas anteriores que havia se distanciado do amigo, que recusava os convites para encontros entre a turma.

Algumas cenas evidenciam o empenho da acusação em construir a imagem de Elize como mulher cruel, ingrata e interesseira, que premeditou o assassinato do esposo visando a obtenção da herança. De acordo com José Carlos, o promotor: *"Esse foi o sentimento que me brotou. Falei: 'olha, a sociedade tá colocando essa mulher como uma grande vítima.' Certo? Então eu falei: 'vou ter que virar o jogo'. A minha estratégia era tentar derrubar a credibilidade da ré, rebatendo aquilo que a mídia tava dizendo"* (Elize, 2021, n.p.). A ligação entre mulheres, crueldade e interesse financeiro é amplamente difundida na sociedade patriarcal vigente. Além disso, a mídia brasileira solidificou essa figura de Elize nas reportagens transmitidas na época. Portanto, com o auxílio dos veículos midiáticos, a "verdade" – pautada no discurso dominante – é difundida e passa a fazer parte do discurso das classes dominadas.

Para Luiz Flávio, Marcos tratava a mulher como rainha e, de acordo com Mauro, Elize desfrutava de uma vida que qualquer pessoa de origem humilde gostaria de ter. Há, no segundo episódio, grande esforço em estabelecer a imagem de Marcos como um homem gentil, cavalheiro e rico. Em uma cena que exibe as gravações do julgamento o juiz pergunta para Mauro, o delegado, se Elize era humilhada e o homem responde que ela era muito humilhada por ele, que era ofendida em detrimento ao seu passado humilde e como prostituta. Ao afirmar que Elize passava por um relacionamento abusivo e declarar que qualquer pessoa gostaria de ter aquilo, as afirmações dos entrevistados sugerem que, por vivenciar uma situação economicamente confortável devido ao dinheiro de seu esposo, Elize deveria aceitar as situações constrangedoras pelas quais passava ao lado do marido. Há uma ligação entre masculinidade, poder aquisitivo e sujeição irrestrita de mulheres. As falas da própria mulher indicam que Marcos se achava no direito de humilhá-la por tê-la retirado "do lixo" – da prostituição – e ter oferecido a ela uma vida de luxo.

José Carlos pauta seu discurso do segundo episódio totalmente na construção de Elize como mulher interesseira. Nas palavras do promotor: *"Pra mim, é uma moça de uma vida sofrida, ganhou na loteria, encontrou um homem que era aquilo que ela sonhava e viu ruir os sonhos. Ai, ela se transformou, efetivamente, numa pessoa extremamente perigosa, uma pessoa extremamente violenta e inconsequente"*. A fala de José Carlos leva a crer que, por ter se frustrado com o casamento, a mulher se transformou: saiu do papel de esposa e mãe e se tornou uma mulher violenta e perigosa.

A colocação de José Carlos atribui ao matrimônio um poder transformador da mulher. Quando bem realizado, adquire seu sucesso na domesticação da mulher, a reduzindo ao papel de esposa e mãe; entretanto, quando perde seu "encanto" e fracassa, o matrimônio possibilita o surgimento de uma mulher frustrada, que usa da violência e se torna perigosa.

Sobre as declarações de que Elize tinha uma vida de princesa e que assassinou o marido visando a obtenção da herança, a própria mulher menciona que o dinheiro não garante a felicidade. Para Luciano, o crime não se deu em decorrência de uma questão financeira e sugere que ela obteria muito mais lucro com o marido vivo do que com ele morto. Nas palavras de Luciano, *"Ninguém mata a galinha dos ovos de ouro"*.

Algumas cenas demonstram a tentativa de associar às mulheres assassinas um desvio moral que antecede o crime. Já que mulheres não matam e não estão autorizadas pela sociedade a usar a violência, quando o crime ocorre é em decorrência de um caráter dúbio, de uma maldade inerente, mas adormecida em certas ocasiões. No caso de Elize, a imoralidade lhe foi atribuída a partir do seu passado como prostituta. De acordo com Rago (1990), toda jovem pobre se constituía para os intelectuais (de 1890 a 1930) como uma possível prostituta. Se referindo a Viveiros de Castro a autora escreve: "Os trabalhos deste renomado jurista, que influencia muitas gerações posteriores, revelam uma preocupação maior em garantir a honra e a posição social do sexo forte do que a da mulher" (Rago, 1990, p. 224). Rago ainda menciona que, juridicamente, era garantido ao marido o direito sobre o corpo da esposa e ao corpo da prostituta. Embora a autora escreva em 1990, suas contribuições são pertinentes e expressam atualidade frente aos fatos anteriormente apresentados.

Elize é uma mulher que saiu do público, da prostituição, para o espaço privado do matrimônio e da maternidade, entretanto, pelo seu passado, ela não foi constituída pela sociedade como uma mulher honrada e, por isso, poderia sofrer as mais diversas violências. A imagem da prostituta é contrária à imagem da mãe. Portanto, a acusação e a mídia, ao construir o discurso sobre Elize pautado na prática, já abandonada da prostituição, acaba desqualificando a mulher. Geralmente, como é possível inferir a partir de Almeida (2001), as mulheres assassinas possuem suas penas abrandadas pelo sistema judiciário, mas como Elize passa a ser tratada como imoral, sua verdade se constitui como uma falácia e, consequentemente, passa a ser uma mulher que não merece a atenuação da pena pelo crime cometido.

Em uma das cenas, um apresentador, ao se referir sobre Marcos e Elize, diz: *"transformou a prostituta em madame, em mãe, mas dentro dela, tinha um monstro que não apagou"* (Elize, 2021, n.p.). A fala do apresentador remete a dois pontos de suma relevância para a análise: 1) o poder transformador que o homem, por meio da concepção de um filho, pode exercer sobre a mulher; 2) a monstruosidade inata das mulheres que não são "normais" – que não desempenham os papéis socialmente valorizados, isto é, o confinamento ao espaço privado e a maternidade. Em contraponto, Marcos, casado na época em que contratou Elize para o programa, não tem sua moralidade questionada e é retratado como um homem admirável e inocente, que se deixou levar pela paixão com uma garota de programa.

O sucesso da acusação em estabelecer a ligação entre a prostituição e a malignidade, visando a definir Elize como uma má pessoa perante a população, é expressa mediante a fala de José Carlos, o promotor: "É, o... Foi um fato engraçado. Eu tava trabalhando, era umas 21h. Minha mãe ligou: 'Olha...' 'Tudo bem, mãe?'. Falou: 'Olha, você tem razão, viu? Você tinha razão, porque eu escutei... no jornal da noite aqui que ela matou por dinheiro mesmo'" (Elize, 2021, n.p.). Elize demonstra por meio da entrevista que possui consciência de que abordaram esse aspecto de sua vida com o objetivo de lhe diminuir como mulher, de lhe retratar como pessoa imoral. Em sequência, Juliana menciona que, embora Elize tivesse o desejo que sua filha fosse criada pela sua família, a guarda da criança foi concedida aos avós paternos.

A mulher condenada menciona que, após alguns programas, Marcos propôs que ela retirasse o anúncio do site de acompanhantes em troca de ficar apenas com ele sob uma contribuição financeira mensal. Segundo Elize, embora receosa com a proposta, ela aceitou por estar apaixonada por ele. Em continuidade, a mulher diz que foi por isso que ficou extremamente afetada quando seu marido disse que a tirou do lixo. Em cenas da reconstituição do crime feitas por Elize junto aos peritos, a assassina diz que, ao apontar a arma para o então esposo, ele disse que duvidava que ela teria coragem para atirar nele e foi ao seu encontro. Foi nesse momento que ela efetuou o disparo que tirou a vida de Marcos. Há um corte para a entrevista concedida para o documentário, Elize recorda que Marcos falava: "*Atira. Você acha que algum juiz vai dar a guarda pra uma puta?*". A fala sugere que um dos motivos que a levou disparar a arma foi as constantes ameaças de retirar a guarda de sua filha dela.

No julgamento, em depoimento, o relato da condenada revela uma situação de esgotamento psicológico em relação às vivências abusivas: "*Eu não... Ele tava vindo pra cima de mim, eu não sabia o que ele ia fazer. A gente tava discutindo, ele tava me xingando, xingando a minha família. Eu não aguentava mais aquilo. Eu não aguentava mais.*". O juiz questiona: "*Tá, mas, é... Não tinha como a senhora sair da casa?*". Elize diz:

> Eu poderia ter feito inúmeras coisas. Eu poderia ter ficado calada, quando era pra eu não ter dito do detetive. Não era pra eu ter falado isso. E eu acabei falando. Eu poderia ter feito um milhão de coisas, mas eu não tava normal naquela hora. Eu não sei, eu não tava normal. Eu tava há dois dias sem dormir, o detetive me ligando. Eu não tava mais aguentando cada vez que ele falava

que eu era louca, quando eu falava que ele tinha outra pessoa
(Elize, 2021, n.p.).

A sequência de cenas revela a violência simbólica sofrida por Elize no seio do seu matrimônio. Marcos usava a manipulação psicológica para desestabilizar a esposa. "Essa estratégia que faz com que a mulher – e as pessoas ao seu redor – questione a própria sanidade e capacidade de realizar algumas tarefas é conhecida por Gaslighting" (Stocker; Dalmaso, 2016, p. 683). Como se constitui como uma forma de violência invisível aos olhos, ela não é facilmente detectada, podendo levar as mulheres ao esgotamento psicológico frente ao constante sentimento de incapacidade – incapacidade de pensar racionalmente, incapacidade de ser mãe, incapacidade de ser esposa. É evidenciado que Marcos teve êxito na tentativa de colocar Elize como psicologicamente desiquilibrada. O reverendo, como já exposto, menciona que foi ele quem sugeriu que Marcos procurasse um psiquiatra para a mulher e considerar a possibilidade de internação.

Destarte, a violência masculina, seja a física ou a simbólica, é tida como "uma forma socialmente aceita de comunicação masculina e, desse modo, os comportamentos masculinos violentos são tratados com naturalidade" (Kimmel, 2022, p. 480). Ao ser naturalizada, a violência cometida por homens deixa de ser vista e problematizada, passa a ser corriqueira e tratada como imutável.

No final do segundo episódio é revelada, de forma resumida, a versão sustentada pela acusação e pela defesa. De acordo com a acusação: 1) Elize só poderia ter efetuado o disparo do modo que ocorreu se Marcos não pudesse reagir; 2) pelo nervosismo de Marcos no elevador ao buscar a pizza, a discussão entre o casal se iniciou antes do jantar; 3) o tiro teria acontecido no momento em que Marcos entrou com a pizza no apartamento e, portanto, ele não teria tido chance de se defender do ataque; 4) ao ver a arma apontada para si, Marcos encolheu no chão de maneira instintiva; 5) o crime foi premeditado. Antes de exibir a versão da defesa, Elize diz que o crime não foi premeditado, que foi uma ação realizada no desespero e que se tivesse premeditado a morte de Marcos ela faria em outro lugar que não fosse a sua própria casa. Na versão da defesa: 1) o crime não foi premeditado; 2) Marcos estava caminhando em direção a Elize quando a arma foi disparada; 3) o laudo era falso; 4) Elize estava contando a verdade. Nas cenas finais a fala de Elize aponta que o esquartejamento do corpo do marido decorreu da necessidade que ela sentiu em retirar o corpo do marido do apartamento para esconder seu crime.

Nesse ponto fica evidente que a acusação se pautou na perícia feita inicialmente, ao passo que a defesa, ao considerar o depoimento da assassina, contratou um novo perito para demonstrar que o laudo inicial continha algumas inconsistências. É relevante o fato de que a imagem dos dois peritos, que concedem participação ao documentário, é construída de forma distinta. O perito contratado pela defesa parece ser construído a partir de uma perspectiva mais formal e séria, cujo foco é as falas técnicas sobre o laudo; por outro lado, o perito que fez o laudo considerado pela acusação tem mais falas de cunho opinativo expostas, falas que extrapolam a tecnicidade da profissão, podendo transmitir a sensação de falta de seriedade em relação ao seu ofício.

2.3 A INFELIZ IDEIA DE ELIZE

Na primeira cena do terceiro episódio, intitulado como *A infeliz ideia de Elize*, a entrevistadora pergunta para Luciano por qual razão Elize desmembrou o corpo de Marcos e o advogado responde que ela precisava retirar o corpo do apartamento, sendo o esquartejamento a única forma encontrada pela assassina para realizar tal ação. Em uma cena do julgamento o juiz questiona se a ré tentou socorrer o homem após o disparo, ao que ela responde que sua intenção era ligar para a polícia, mas, visando a não ficar longe da filha, optou por não fazer a ligação. Para Juliana, foi o desespero e o desejo de manter sua filha com ela e proteger a criança que a levou a tomar as diversas decisões equivocadas em relação ao crime.

No julgamento, Jorge, o médico legista, revela que de acordo com o laudo, a causa da morte foi asfixia respiratória, ou seja, a vítima estaria respirando quando foi esquartejada. Um repórter noticia que Elize havia cortado o pescoço de Marcos enquanto ele ainda agonizava. Os relatos sugerem que houve crueldade no crime, que Elize, em vez de socorrer, teria optado por cortar e desovar o corpo para se livrar do crime. Mais uma vez a malignidade é associada a Elize pelos representantes da acusação. A defesa, com a finalidade de questionar o laudo feito por Jorge, pediu a exumação do corpo, que foi analisado por outro legista, Sami el Jundi. José Carlos, em uma cena que exibe uma reportagem em 2016, revela-se indignado com a exumação e preocupado com os efeitos que isso teria na família de Marcos Matsunaga.

Luciano sugere que Marcos estava inconsciente quando foi esquartejado e, por conseguinte, não houve sofrimento e o crime não se qualificava como cruel. O legista Sami corrobora as alegações de Luciano, explicando que houve a destruição do bulbo, isto é, parada da função neurológica. O médico legista informa que a morte encefálica produz a morte e é o que permite o transplante, logo Marcos estaria morto quando Elize o esquartejou. A assassina e Juliana defendem a tese de que os fatos decorreram do desespero que impediu o raciocínio perante a situação.

Cenas com imagens de fotografias do casal caçando animais silvestres são colocadas enquanto o áudio sobreposto é de Juliana no julgamento, que faz perguntas a Elize sobre a caça. Elize revela que para consumir o animal eles precisavam retirar a pele, desossar e cortar. Nesse depoimento, ela deixa evidente sua habilidade com cortes. Para Paula Scapin, o fato de Elize caçar e preparar o animal para o consumo fazia sentido em relação à forma como o crime ocorreu. Juliana indica que foi pela característica caçadora que a sucessão dos eventos levou a laceração do corpo de Marcos.

Para Horácio, amigo de Marcos, Elize se revelou uma mulher fria e Marcos cometeu um erro ao levá-la para o estande de tiros. A fala de Horácio se mostra sexista, principalmente por, em determinado momento, associar o tiro ao poder e mencionar que é um erro levar ou ensinar mulheres a atirar. Em cenas que se seguem, Elize revela que possui conhecimento com armas e que o casal tinha várias armas em casa. O documentário passa a exibir alguns dos luxos que o casal possuía e usufruía, como a adega com inúmeros vinhos, charutos importados, o arsenal com 32 armas e munição e uma jiboia como animal de estimação.

Falas de Elize e José Américo retratam Marcos como uma pessoa extremamente ciumenta ao passo que são exibidas as gravações do homem traindo Elize, obtidas por meio do detetive particular contratado por ela. A imprensa noticia a traição e identifica a amante de Marcos como Nathália, uma garota de programa que tinha suas fotos divulgadas no mesmo site em que Marcos encontrou Elize. Um corte nos leva às gravações da confissão, Mauro pergunta a Elize: *"Como é que você conheceu o Marcos?"*. Ela responde: *"Num site de relacionamentos. Pela internet"*. Mauro diz: *"Num site de relacionamentos e...."*. Elize responde: *"E acompanhantes."*. Mauro diz: *"E acompanhantes. Você era uma acompanhante?"*. Elize responde olhando para baixo: *"Sim."*. Mauro então diz: *"Isso."*. Enquanto Elize olha para baixo, Mauro questiona: *"O Marcos era casado nessa época?"*. Elize, enquanto o foco aproxima de seu rosto, responde: *"Sim."*. Mauro pergunta: *"Você tinha conhecimento que ele era casado?"*. Elize responde: *"Sim."*. Mauro diz: *"Ele tinha filho ou não?"*. Elize responde: *"Tinha."*. Mauro diz: *"Ele já tinha um filho? Filho, filha?"*. Elize diz: *"Filha."*. Mauro então questiona: *"Ele tinha uma filha. Então você era uma amante dele, é isso?"*. Elize, olhando para baixo, responde: *"Sim."*. Mauro insiste: *"é isso?"*. Elize responde: *"É."*.

Na cena citada é possível considerar que houve, da parte de Mauro, uma tentativa de constranger Elize pelo fim do casamento de Marcos com sua ex-esposa e mãe da sua primeira filha. Além disso, a notícia de que Marcos estava se relacionando com uma prostituta antes de ser morto traz uma sensação de história que se repetiria, ou seja, provavelmente Elize seria deixada pelo marido. Nas palavras de Luciano,

> *É uma vida cíclica. Quando ele começa a sair com a Elize, ele era casado, com uma filha pequena. A Elize o encantou. Ele tira ela da prostituição, transforma a vida dela realmente numa vida de princesa. A mesma coisa aconteceu depois. Casado com a Elize, com uma filha pequena, ele começa a sair com a Nathália* (Elize, 2021, n.p.).

Imagens de um documento oficial, provavelmente usado no julgamento, apontam que Marcos pagava, mensalmente, quatro mil reais para Nathália. Em reportagem é exibido que a amante recebeu uma oferta de 27 mil reais para retirar as fotos do site de encontros, além de um Pajero TR4 como presente. O valor da mensalidade paga a Nathália com correção monetária corresponde, em junho de 2023, a R\$ 7.731,98 e a oferta para tirar as fotos do site a R\$ 62.696,57[3]. Além disso, uma rápida busca na internet mostra que o preço atual de um Pajero TR4 varia, pela tabela Fipe[4], de R\$ 26.192,00 até R\$ 73.744,00.

Segundo José Carlos, Nathália havia deixado explícito que, com a venda da empresa, Marcos possuía a intenção de se casar com ela e se mudar para Miami. Realmente, ao que tudo indica, os fatos se repetiriam e Marcos faria da amante sua esposa. Em entrevista, em modo anônimo, Nathália menciona que Marcos tinha medo de que Elize fizesse algo com ele.

Em uma das cenas que exibem o julgamento, Luiz Flávio, o advogado, questiona Cecília (prima de Marcos), perguntando: *"A senhora usou a expressão, queria só que a senhora explicasse. 'Ele era um homem que toda mulher gostaria de ter'."*. Cecília responde: *"É, porque ele sempre foi muito*

---

[3] Para a correção usou-se a Calculadora do cidadão, disponibilizada pelo Banco Central do Brasil, com a correção feita através do Índice Nacional de Preços ao Consumidor Amplo (IPCA).

[4] Tabela consultada para saber o valor de um veículo usado ou seminovo, disponibilizada pelo site da Fundação Instituto de Pesquisas Econômicas.

cavalheiro, então, assim... 'Ah, ela não conhecia Cancun, então a gente foi pra Cancun'. Você vê que ele queria realizar as vontades dela, né?". Marcos é representado por Cecília e por José Carlos como cavalheiro, o promotor chega a insinuar que gostaria, caso tivesse uma filha, que ela fosse casada com um homem como Marcos. O homem, mesmo traindo a esposa e humilhando-a é descrito como um bom homem, cuja moral é inquestionável, mesmo com desvios de conduta.

Para Cecília, no julgamento, Juliana indaga: *"Sobre uma frase que a senhora teria dito na primeira fase do julgamento, que o Marcos era o marido que toda mulher gostaria de ter. A senhora gostaria de ter um marido que a traísse?"* (Elize, 2021, n.p.), ao que Cecília responde em negativa. Horácio relata que, embora Marcos fosse fiel, ambos gostavam de avaliar mulheres juntos e que falavam sobre ele contratar prostitutas. Essa alegação de Horácio instaura o homem fiel que mantem relações sexuais com outras pessoas. Apesar de parecer controverso, quando a amante é profissional do sexo, esse aspecto parece fazer parte da realidade da sociedade brasileira. Pode-se inferir, a partir disso, que a objetificação do corpo da prostituta a torna apenas mercadoria e, portanto, as relações se restringem ao plano econômico e impessoalizado. De acordo com Simmel (1993) a prostituição é um produto e a "[...] posição da prostituição depende dos sentimentos sociais que ela desperta [...]" (Simmel, 1993, p. 15). Podendo decorrer que, não sendo categorizadas como indivíduos, o relacionamento sexual entre homens e as profissionais do sexo saem do âmbito do relacionamento extraconjugal por se constituir como uma transação financeira.

Rago (1990), ao afirmar que mulheres casadas que traiam eram colocadas no patamar das prostitutas – sem moral e sem honra –, confirma a disparidade entre as funções e expectativas matrimoniais em uniões heteronormativas. Para um homem ser considerado como imoral, sem honra e sem caráter ele precisa transgredir várias condutas socialmente valorizadas, principalmente quando seu poder aquisitivo é alto. No que se refere às mulheres, elas não usufruem do mesmo "benefício". A ligação da mulher com o mal – e do homem com o bem –, faz com que a vigilância com a mulher seja mais controlada. Corpos femininos precisam de controle constante e, devido à malignidade inerente, qualquer desvio da norma representa um perigo para a ordem social.

Luciano relata que divulgou para a imprensa que Marcos tinha uma conta em um site que avaliava programas e que sua última avaliação foi no dia em que ele morreu. Embora não tenha sido considerado, de acordo com as falas que sucedem, como prova lícita para o julgamento, a divulgação pela mídia provocou choque nas pessoas, que reprovaram a atitude de Marcos. José Carlos demonstra sua insatisfação com a revelação e declara que Marcos era uma boa pessoa, um homem trabalhador e que gostar de mulher não se constitui como crime. O valor de Marcos é medido pelo seu labor e pelo seu dinheiro.

Thais aborda a revitimização – quando a conduta da vítima é questionada após o crime – de Marcos e compara o fato com casos de feminicídios, em que mulheres assassinadas têm suas condutas questionadas visando a explicação do crime. É imprescindível considerar que Elize, como mulher assassina, também teve seu passado vasculhado na tentativa de construir a imagem de uma mulher diabólica, cuja luxúria levou ao crime. É possível concluir que, nos casos de mulheres assassinas, o julgamento é mais sobre a conduta moral da ré perante a sociedade e menos sobre o crime de fato.

Há, mediante a acusação, a tentativa de colocar uma terceira pessoa na cena do crime. O promotor, que se empenha na busca de provas por um cúmplice do crime, revela ser descrente da capacidade que Elize possuía em cometer o crime sozinha. Noticiários de televisão revelam a possibilidade de um ajudante na consumação do crime e alguns apresentadores também se mostram relutantes em conceber que uma mulher fosse capaz de matar, esquartejar e desovar o corpo de Marcos sem ajuda. Os indícios exibidos na série sugerem que quem realizou os cortes tinha ciência do que estava fazendo e que havia a existência de dois tipos de cortes. Para Sami, o médico contratado pela defesa, é evidente que em um esquartejamento de um corpo grande haja cortes com diferentes características, pois a pessoa provavelmente faz uma pausa para descanso e para afiar a faca quando necessário.

Lucas, o repórter, menciona que havia o indicativo da ajuda de um cirurgião e que nenhum dos praticantes de tal profissão que residiam no condomínio foram interrogados sobre o assunto. As câmeras de segurança do elevador não revelam a existência de uma terceira pessoa no local do crime. O novo inquérito aberto pelo promotor concluiu que havia falhas no monitoramento do condomínio, pontos cegos que permitem a livre transição de uma torre para a outra; além disso, também foi encontrado material genético de uma terceira pessoa do sexo masculino no apartamento. Por falta de provas concretas, o inquérito foi arquivado. José Carlos, apesar de afirmar com veemência a participação de outra pessoa no crime, diz que seria errado expor a integridade dos suspeitos. Uma questão socioeconômica do sistema judiciário é posta em evidência: suspeitos que usufruem de alto poder aquisitivo não podem ter suas integridades questionadas. Por outro lado, a realidade é distinta para suspeitos de classes inferiores.

Caminhando para o fim do episódio, Thaís menciona que a audiência se tratava do julgamento do melhor discurso. Uma conjunção de falas de um apresentador em um programa exibido em 2016 e Thaís na entrevista para o documentário é realizada. O apresentador inicia: "*Quem é Elize Matsunaga? Uma assassina fria e cruel...*". Thais Nunes diz: "*Que matou por dinheiro, que planejou? Ou uma mulher, vítima de abuso psicológico...*". O apresentador do teleprograma continua: "*Que num momento de raiva, matou e esquartejou o homem a quem prometeu amor eterno?*". A última fala trazida pelo apresentador se constitui em mais uma tentativa de desconsiderar as violências sofridas pela mulher causadas pelo marido, atribuindo a um episódio isolado de raiva o crime cometido. As falas expressadas anteriormente são ditas em momentos sócio-históricos distintos. A fala de Thais, concedida para o documentário, parte de um discurso que considera as formas de agressões sofridas pela assassina, ao passo que a fala do apresentador, realizada em um programa televisivo transmitido na época, tenta inculcar na mulher que cometeu o crime a frieza de uma mulher raivosa. Segundo Nascimento (2010) o discurso jornalístico é baseado nos aspectos da sociedade, nas palavras da autora, "[...] o jornalismo, como parte do dizer social, está sempre em sintonia com os momentos da sociedade da qual ele fala." (Nascimento, 2010, p. 14). Desse modo, a mudança discursiva, separada pelo tempo de aproximadamente 9 anos, revela uma aparente modificação na sociedade brasileira.

2.4 OS ECOS DO CRIME

De acordo com Bourdieu (1989, p. 14), o discurso dominante "[...] tende a impor a apreensão da ordem estabelecida como natural (ortodoxia) por meio da imposição mascarada (logo, ignorada como tal) de sistemas de classificação e de estruturas mentais objetivamente ajustadas às estruturas sociais". Portanto, quanto mais poder simbólico e concentração de capitais o agente possui, mais seu discurso é legitimado. Para Foucault, para que haja enunciação e validação de alguns discursos, outros devem ser silenciados e invalidados. Infere-se que o julgamento prioriza o discurso dominante, que mediante o poder de seus enunciadores é legitimado em detrimento do silenciamento do discurso dominado.

O último episódio da série é iniciado com uma cena em que os repórteres anunciam que o julgamento de Elize estava terminando. Elize relembra o último dia do julgamento fazendo uma indagação sobre a razão da presença e interesse de tantos repórteres no seu crime e julgamento. Em uma junção de diferentes trechos de reportagens, Elize é descrita como a mulher que matou por dinheiro, garota de programa de luxo e uma das assassinas mais famosas do Brasil. A forma como as notícias eram dadas, atribuindo tais características à Elize, evidencia que a acusação e a imprensa estavam, de certo modo, unidas na criação da imagem de Elize e, em consequência, nos leva a supor que o "melhor discurso", o discurso que convenceu o juiz, foi o discurso da acusação – amplamente difundido pelos meios comunicativos.

Em uma tentativa de reumanizar a assassina, o episódio revisa aspectos do passado e do presente de Elize. Segundo Luciano, durante o julgamento ele se empenhou em mostrar para os jurados quem tinha sido Elize com o objetivo de afastá-los das ideias concebidas por meio do jornalismo televisivo. Para Luiz Flávio, em casos de grande repercussão midiática proporciona uma carga de informações externas para os jurados, ou seja, os jurados começam a construir seus juízos a partir das informações que lhes chegam pela mídia. Os relatos de Luciano e de Luiz Flávio explicitam a influência da mídia na construção de imagens e na formação de opiniões.

De acordo com Kimmel (2022), a imagem que temos de nós mesmos é construída com – e não determinada pelos – os materiais que recebemos da mídia. O sujeito não deixa de ser agente ativo na sua construção no mundo social, mas para o autor citado, a mídia – em conjunto com outras cinco instituições: a família, a escola, a religião, o local de trabalho e os colegas – é uma instituição primária de socialização. Então, para além da escola, da família e da igreja, as opiniões, as personalidades e as identidades são forjadas pela mídia. O filme, para Sorlin (1985), cria um mundo projetado por meio de uma expressão ideológica.

Os diretores e produtores exprimem seus objetivos mediante a construção fílmica adotada. A narrativa fílmica, ao representificar (Menezes, 2003) aspectos do social, exprime uma concepção criativa carregada de ideologia[5]. Os escritos dos três autores citados neste parágrafo mostram

---

[5] Ideologia aqui concebida nos termos de Sorlin (1985): conjunto de possibilidades de simbolização concebíveis em dado momento.

que a mídia, mediante a adoção uma ideologia pré-definida, contribui, de fato, para a construção de imagens e formações de opiniões a partir delas. É a aproximação ideológica entre o telespectador e o que está sendo transmitido que provoca o sentimento de identificação com a circunstância ou com o personagem em cena.

Na narrativa construída por Luciano, era necessário mostrar para os jurados que Elize havia sido abandonada pelo pai, que morou com a avó quando sua mãe precisou ir para a capital e que, quando sua mãe retornou para Chopinzinho, precisou conviver com o padrasto. Elize conta que com 15 anos foi violentada sexualmente pelo padrasto. Na audiência, sua tia, Roseli, confirma a história perante o juiz. Após o estupro, Elize decide fugir de casa. A assassina revela que conseguiu ficar 45 dias fora de sua casa. Ao que tudo indica, após ser obrigada a retornar para a casa de sua mãe, ela pediu, sem explicitar suas motivações, para morar com sua tia.

Em sequência, Elize explica que cresceu sem a figura paterna e, por não desejar que sua filha vivesse longe do pai, optou por manter o casamento mesmo após descobrir a traição. Na cena seguinte um homem, não identificado, no julgamento a questiona: *"Se você não queria que sua filha tivesse o mesmo que você, ficar sem pai, por que você o matou? O que você vai falar quando tiver oportunidade para dizer por que matou e cortou o pai dela? Qual o motivo?"*. Elize, aparentemente bastante abalada, com os olhos vermelhos, segura o lenço perto dos olhos enxugando as lágrimas e responde: *"Eu vou pedir perdão. Eu vou pedir perdão... e vou contar o que aconteceu, numa hora oportuna."*. O homem diz: *"Como assim?"*. Elize responde: *"Agora ela é uma criança, né?"*.

Juliana aborda a violência psicológica imposta a Elize por meio de Marcos com convicção. De acordo com a advogada, o matrimônio do casal era pautado na tentativa, por parte do homem, de submissão de sua esposa. Luiz Flávio traz uma solução simplista para um problema complexo que atinge muitas mulheres que estão em um relacionamento tóxico e sofrem violência psicológica: a separação. Embora o divórcio seja um caminho óbvio, os relacionamentos abusivos fogem da normalidade e, portanto, a separação pode não se constituir como uma realidade para a vítima que é constantemente humilhada, ameaçada e possui sua sanidade mental questionada.

O episódio ruma para a decisão do julgamento. Os advogados, em uma contraposição de cenas, explicam como funciona a votação dos jurados. Para Paula Scapin, que estava presente no julgamento, o processo entre a decisão dos jurados e a determinação da pena pelo juiz foi demorado. Uma cena de Elize entre duas estantes cheias de pastas processuais produz um efeito visual de que as estantes estão apertando Elize, o que infere o sentimento de angústia e tensão experimentados pela ré antes da decisão ser divulgada.

Em uma sequência de cenas fica evidenciado que duas qualificadoras não foram aceitas pelos júris – motivo torpe e crueldade – e que a única acatada foi a de impossibilidade de defesa da vítima. Há uma exibição de Juliana e Luciano esboçando leves sorrisos no rosto, o que indica a vantagem do discurso da defesa em relação às decisões dos jurados. A cena de Elize entre as duas estantes com processos é colocada, os efeitos visuais agora mostram as prateleiras se abrindo, o que demonstra o alívio da ré em detrimento aos fatos narrados.

Embora a decisão dos jurados tenha sido agradável para a defesa de Elize, a pena estabelecida pelo juiz despertou sentimentos opostos. A pena de Elize foi de 19 anos, 11 meses e um dia de reclusão. Patrícia, a advogada da família Matsunaga, afirma que, se tratando de um crime onde duas das qualificadoras foram recusadas, o juiz estabeleceu a pena máxima que ele poderia. A decisão do juiz, cujo poder em um julgamento é máximo, reflete o sucesso discursivo da acusação. Luciano, em entrevista concedida após a decisão no tribunal, afirma que a pena fixada pelo juiz não foi condizente com a decisão dos jurados.

A narrativa de Elize construída a partir do discurso da maternidade é fato recorrente em todos os episódios da série. Sua filha aparece como ponto central de sua vida. Foi pela filha que ela continuou em um casamento fracassado e abusivo, foi pela preocupação com a filha que ela optou por não fugir, foi pela ameaça de que Marcos ia retirar a filha dela que o crime ocorreu, foi por medo de ficar longe da filha que ela não ligou para a polícia após matar o esposo e decidiu esquartejar e desovar o corpo, foi no período que ficaria longe da filha que ela pensou quando recebeu sua pena, foi pra contar sua versão da história para sua filha que ela concordou em realizar o documentário. Elize se apresenta como uma mãe preocupada em reestabelecer os laços maternais com a criança. O reverendo, em depoimento, traz que quando foi visitar Elize, a mulher chorava ao falar da filha. No processo que instaurou a pena de Elize fica evidenciado que o seu papel de boa mãe não é questionado perante o crime cometido.

De acordo com o Processo C.569/12, que instaura a pena a Elize:

> Em que pese o comportamento da vítima (envolvendo traição conjugal) e os autos darem conta que Elize é boa *mãe*, sendo também polida no trato com as pessoas *em geral*, a acusada veio a *trocar o cano* da pistola com a qual atirara em Marcos, bem como a *livrar-se do computador* com o qual, passando-se *falsamente* pelo ofendido, enviou mensagens a outrem, informando que ele estava bem (portanto vivo), assim *posando de esposa abandonada pelo marido que teria deixado o lar conjugal*, tendo – *ainda* – *se desvencilhado do instrumento* com o qual *esquartejou* o corpo da vítima, também *espalhando* suas partes em *local distante* do lugar do cometimento ilícito, cuja prática culminou por confessar (apresentando, *no entanto*, a sua versão *defensiva*) *tão só dias depois* do episódio criminoso, *quando as investigações já convergiam contra ela, cuja* dinâmica, na esteira do *"veredictum"* do Conselho de Sentença, aponta cuidar-se de prática revestida de cuidadosa *premeditação*, reveladora de uma personalidade fria e manipuladora e, portanto, *extremamente perigosa*. (SÃO PAULO. Tribunal de Justiça. 5ª Vara do Juri da Capital. Sentença do processo nº C.569/12. Data da Sentença: 05 dez. 2016, Publicação: Plenário 10 do Complexo Judiciário Ministro Mário Guimarães, grifo nosso).

Sobre a maternidade, Elize diz para o documentário: "*Quando ela nasceu, ela era tão frágil... [suspira com os olhos cheio de lágrimas], tão pequenininha*". Com a voz embargada e chorando Elize continua: "*Eu queria colocá-la numa redoma, sabe? Por ironia do destino, eu mesma quebrei essa redoma*". Folheando fotos em um álbum, Elize ainda diz: "*Eu tenho uma ligação espiritual com ela. Eu sei que eu irei vê-la novamente. Torço pra que isso aconteça. Não vai ser fácil... [funga]. Mas esse é o meu próximo objetivo*".

As cenas que se sucedem abordam a saída temporária em 2019 e o reencontro de Elize com sua avó, Maria. A detenta, que expressa o desejo de ter uma vida discreta, menciona que após ser presa nunca mais viu sua avó, ou seja, aproximadamente sete anos e meio. Algumas chamadas de reportagens expressam a insatisfação com a saída temporária. As falas expressam, de modo pejorativo, a saidinha como uma forma de colocar na rua muitos criminosos que, sem supervisão, podem fugir ou cometer novos crimes. Os relatos discursivos exibidos pelo documentário constituem-se como um contraponto para a realidade mostrada mediante o acompanhamento de Elize pela equipe de filmagem. A saída temporária propiciou o reencontro familiar, a possibilidade de encontrar uma avó idosa.

A fala de Juliana assinala que o direito à saída temporária ocorre em datas comemorativas específicas do ano e só é concedido aos presos que atendem requisitos legalmente fixados.

> *É um instrumento de ressocialização. O preso de bom comportamento, que atende a certos requisitos que estão na lei de execução penal, tem direito a sair em alguns... São cinco oportunidades por ano. São uma média de cinco, seis dias cada saída, depende do feriado. Pro leigo, pode ser malvisto. 'Ah, o criminoso está na rua.'. Não. A pena, ela não é eterna. A pessoa foi julgada, e faz parte do instrumento chamado 'pena' a ressocialização, pra que essa pessoa volte para a sociedade* (Elize, 2021, n.p.).

Luiz Flávio indica que a saidinha oferece ao condenado a chance de se adaptar aos poucos à vida em liberdade e pode afastar o criminoso da reincidência. José Carlos reconhece a saída temporária como direito, mas se mostra desgostoso com o fato.

Osvaldo, um colega de Marcos, alude sobre a possibilidade de Elize tentar, com insistência, rever sua filha e encher a paciência dos ex-sogros. Juliana indica que, durante o período fora das celas em 2019, a mulher condenada tentou encaminhar seu futuro em direção ao reencontro com a filha. A advogada revela que Elize está com o poder familiar suspenso e que não pode exigir o reencontro com a filha, mas demonstra a intenção de pedir a revogação dessa decisão para que Elize possa, com supervisão, ver a filha por algumas horas. Juliana declara que a filha de Elize possuía conhecimento sobre o crime e sobre a mãe. De acordo com Patrícia, a intenção dos Matsunaga tem sido preservar Helena, a filha de Elize, e prepará-la para que no futuro conheça história. As declarações de Juliana e Patrícia são controversas, a primeira indica que Helena possui conhecimento de sua história e a segunda sugere que a criança ainda está sendo preparada para esse momento.

Após Flávio indicar que os ecos do crime causaram um estigma que será carregado pelas filhas de Marcos, Elize enfatiza o desejo de poder estar novamente com sua filha e, fazendo um apelo à imagem bíblica de Maria, a mulher diz: "*Eu peço a Deus isso, eu peço... [voz embargada]. Eu peço pra Nossa Senhora, que também é mãe*". Aqui o arquétipo da virgem mãe de Deus é evocado.

Maria expressa a pureza, a boa mulher, a mãe que é submissa ao masculino (Deus, Jesus, o Espírito Santo e o anjo Gabriel). É Maria que redime as mulheres do pecado cometido por Eva. Quando ligadas ao mal, das mulheres se retira sua condição de ser humano, passam a ser demonizadas, transformadas em seres bestiais. Ligadas ao bem, são igualmente reificadas, objetificadas – antes de serem mulheres elas são mães, são virgens e são filhas.

Elize transparece a admiração que possui por sua avó, mulher responsável por sua criação durante alguns anos de sua vida. No reencontro Elize se emociona bastante e tece elogios para Maria e reflete sobre o medo que sentia de não conseguir ver a avó novamente. A detenta entrega um presente para sua avó, uma toalha bordada por ela. A preocupação que Elize possuía com a família – a tia e a avó – é retratada pelo documentário. Roseli declara que Elize errou, mas que está pagando caro por seu erro e que a pior penitência que lhe foi imposta, a parte mais difícil, foi se manter longe da filha. A tia da mulher assassina exprime o desejo e a esperança de que a sobrinha seja perdoada pela filha. As falas de Roseli sugerem que, mesmo sem poder ter contato com Helena, Elize escreve cartas que não são enviadas e confecciona presentes que não são entregues. O momento com a família apresenta as fragilidades de Elize, humaniza a mulher ao retratá-la no seio familiar. A desumanização e a humanização da mulher se constroem a partir da relação familiar. É no relacionamento com a filha, com a avó e com a tia que Elize busca a sua re-humanização, demonstrando suas emoções e preocupações. Principalmente por meio dos sentimentos maternais, a mulher tenta se reestabelecer como indivíduo, como alguém que não pode ser definida apenas pelo crime que cometeu. Por outro lado, a sua desumanização veio mediante à destruição do corpo do seu marido, ou seja, o desmantelamento da sua família nuclear – formada pelo seu esposo e por sua filha.

Ao final do último episódio, Elize relata que não consegue compreender o amplo interesse pelo seu crime. Intercalando falas de Luiz Flávio, Thaís Nunes sugere que se Elize fosse uma empregada doméstica e Marcos fosse pobre o crime não teria a mesma dimensão. A repórter considera ainda que é comum ver o crime cometido por Elize com os personagens invertidos, em que mulheres são assassinadas pelos seus companheiros que não aceitam o fim do relacionamento. Elize encerra sua entrevista dizendo:

> *É... As formas de crimes que eu conheci lá na prisão... tem... crimes muito mais bárbaros e difíceis do que o meu, muito mais chocantes do que o meu. Mas ninguém comenta sobre eles. Ninguém fala sobre eles, porque a vítima não era abastada. A vítima era uma pessoa comum, pobre. É... será que, se tivesse sido ao contrário, por exemplo, eu tivesse perdido a vida nessa situação e não o Marcos... ele estaria aqui falando isso? Estaria um monte de holofotes em cima dele ou querendo saber da vítima, a Elize? Quem seria eu?* (Elize, 2021, n.p.).

O documentário se encerra com Elize voltando para a penitenciária. A sequência de cenas finais retrata que a questão socioeconômica de Marcos foi aspecto decisivo para a ampla divulgação midiática do crime e para a comoção da população.

De modo geral, o último episódio retrata uma Elize humana, que além de assassina é neta, é mãe, é sobrinha, é uma mulher que teve que lidar com diferentes formas de violência: a violência sexual cometida pelo padrasto, a violência psicológica e física imposta por seu marido. É possível concluir, portanto, que a assassina foi silenciada em diferentes momentos, por meio de formas típicas da sociedade patriarcal, pela família enquanto adolescente e mediante o matrimônio quando adulta. Há, portanto, uma tentativa de humanizar a assassina, demonstrando que ela deve ser compreendida para além do crime, isto é, o crime não a define, embora seja uma parte de sua história.

É válido observar que o título da série remete aos contos de fadas que, geralmente, começam com *Era uma vez...*, portanto pode levar a crer, inclusive por meio da fala de alguns entrevistados, que Elize, depois de conhecer Marcos, vivia em um conto de fadas. A felicidade da mulher é constantemente associada ao poder aquisitivo do então esposo, ao acesso a uma vida luxuosa. O sentimento de felicidade atrelado ao dinheiro, à vida de princesa, está presente em alguns filmes como Uma Linda Mulher. A produção cinematográfica é protagonizada por Vivian, uma prostituta, que tem sua vida transformada após conhecer Edward, um empresário com poder aquisitivo.

A mudança da mulher marginalizada em mulher admirável após o envolvimento com Edward é considerada por Rossi (2014, p. 78), para quem:

> O que se perceberá ao longo do filme e será um importante sinal da transformação de Vivian de prostituta em mulher elegante é a maneira como os olhares para ela parecem

> mudar quando seus trajes mudam, num primeiro momento mostrando estupefação, mas depois admiração.

Pelas palavras do autor anteriormente mencionado, fica evidenciado que alguns filmes reforçam a concepção de que homens ricos podem salvar mulheres marginalizadas de situações degradantes, transformando suas vidas, fazendo-as felizes mediante o poder aquisitivo e o acesso aos bens materiais. Rossi (2014), na análise de *Uma Linda Mulher*, explicita que o problema da hostilização de Vivian parece ser resolvido pela compra de roupas e mais uma vez há uma associação entre poder aquisitivo e felicidade.

Para construir essa narrativa de vida de princesa, despreza-se – mediante o discurso dos familiares de Marcos e de sua defesa, inclusive do promotor e do delegado –, as alegações de Elize sobre as traições de Marcos e as diversas formas de violência por ela vivenciada no seio do matrimônio. Há, no entanto, uma quebra de expectativa do conto de fadas que usualmente termina com *felizes para sempre*: o crime, o qual elucida que na "vida real" o poder aquisitivo e o acesso aos bem materiais não são suficientes para fazer com que a união romântica se constitua como um final feliz.

3

A MENINA QUE MATOU OS PAIS /
O MENINO QUE MATOU MEUS PAIS

Este capítulo, tal como o anterior, tem por finalidade explicitar o caso Richthofen e realizar a análise dos filmes *A menina que matou os pais* e *O menino que matou meus pais,* que retratam o caso Richthofen sob perspectivas distintas e antagônicas. O primeiro retrata Suzane como criminosa ativa no planejamento do assassinato dos pais, uma mulher manipuladora que convenceu o namorado a matar Manfred e Marísia. Já o segundo filme a mostra como uma mulher é influenciada pelo seu companheiro, por meio da dependência emocional e chantagens, a ser cúmplice. Em *O menino que matou meus pais*, Daniel Cravinhos não é apenas o executor do plano, é ele quem planeja e convence Suzane a ajudá-lo.

O crime que condenou Suzane, Daniel e Cristian ocorreu em 2002, vitimando Manfred e Marísia, os pais de Suzane. A família Richthofen era abastada. Manfred era engenheiro da Dersa – empresa de Desenvolvimento Rodoviário – e Marísia era psiquiatra. O assassinato chamou a atenção da mídia e, consequentemente, da população brasileira pelo fato de envolver pessoas ricas e parricídio. Suzane, filha mais velha do casal assassinado, planejou junto com o namorado, Daniel, o assassinato dos pais.

Os dois filmes lançados em 2021 retomam o assassinato e salientam o interesse latente em programas, séries e filmes que pertencem à categoria *true crime*. As produções *A menina que matou os pais* e *O menino que matou meus pais* possuem como premissa se estabelecerem como versões do crime, a versão de Daniel e a versão de Suzane, respectivamente.[6]

É interessante o uso de eufemismo para descrever os assassinos confessos, tanto Daniel, como Suzane. Os títulos dos filmes utilizam os termos "menina" e "menino", uma maneira de diminuir, de certa forma, a responsabilidade pelo crime, já que uma breve busca no Google define

---

[6] Recentemente foi lançado na Amazon Prime o terceiro filme da saga, denominado *A menina que matou os pais – A confissão*. Por ser uma estreia recente, tal filme não foi considerado para a análise. A produção referida intenta reconstituir as atitudes dos envolvidos após o assassinato de Manfred e Marísia, que culminaram na confissão do ato criminoso.

que a designação adotada se refere a criança ou adolescente, categorias etárias que, considerando as leis brasileiras, não cometem crime, mas atos infracionais. Os termos empregados corroboram a mensagem de ambos os filmes: a construção infantilizada de que ambos se deixaram levar pelos seus parceiros, e que, na tentativa de agradar a pessoa amada, não foram racionais e agiram por impulso.

3.1 A MENINA QUE MATOU OS PAIS

O filme que possui 86 minutos começa com um áudio chiado, quase inaudível de um rádio comunicador. Centralizado na parte inferior da tela aparece a legenda: *QUINTA-FEIRA, 31 DE OUTUBRO DE 2002* e logo em seguida a filmagem enquadra um policial dirigindo, o enquadramento passa a sensação de que quem está filmando a cena se encontra no banco do passageiro, dentro da viatura. As legendas que demarcam datas específicas, ou exibem nome dos personagens, são tipicamente utilizadas por produções que se propõem ser baseadas em fatos ou documentais. A data situa o telespectador na linha-tempo do crime. Após uma sequência de cenas que mostram a viatura chegando a uma residência, estabelece-se o primeiro diálogo. O policial se dirige ao trio de jovens que estão parados em frente à casa e questiona após o contato inicial: *"A ocorrência é aqui?"*. Suzane responde de maneira calma, mas aparentemente preocupada: *"Boa noite, minha casa tá aberta. Acho que entrou um ladrã*o". O policial pergunta se ela entrou na casa e com a cabeça baixa, olhando para o chão ela acena negativamente com a cabeça e olhando para o irmão diz: *"Quando eu cheguei com o meu irmão, eu... eu vi a porta aberta e liguei para o meu namorado."*. Ao encerrar sua fala, Suzane olha para Daniel, que menciona, olhando para baixo, que foi o mais rápido que pôde. Nesse momento, Andreas, irmão de Suzane, olha para baixo e o casal olha para o policial. Os olhares e expressões faciais se diferem.

A cena descrita sugere um descompasso entre os três personagens, a forma como o trio lida com a situação é distinta. Andreas com sua cabeça baixa olhando para o chão parece perdido, sem saber o que de fato estava acontecendo. Daniel olha para frente, com expressão de preocupação. Suzane frequentemente aparece com a cabeça levemente abaixada e inclinada, olhando para cima para fazer contato visual. Ao estabelecer essa postura corporal, a menina passa uma sensação de submissão ao mesmo tempo que transmite a percepção de crueldade. Portanto, já de início há indicação da dupla proposta da produção, Suzane é mostrada como possível mulher inocente, submissa a uma figura de autoridade, mas também uma mulher perigosa e cruel, como uma vilã dos filmes de princesa da Disney – que, geralmente, se aproximam das princesas a fim de influenciá-las negativamente e conseguirem o que desejam mediante o infortúnio das mocinhas (Úrsula e Ariel; Rainha-Má e Branca de Neve; Mãe Gothel e Rapunzel). A sequênciamostra os policiais entrando na residência e encontrando Manfred e Marísia, os pais de Suzane, mortos em sua cama. Por fim, algumas manchetes de jornais são exibidas com as fotos dos autores que interpretaram os envolvidos no crime real.

De modo centralizado, há escrito: *Esta é uma obra artística com conteúdo bibliográfico, baseada em fatos reais, que teve como principal fonte de informação os autos judiciais do caso, em especial as versões constantes nos depoimentos dos próprios condenados pelo crime de homicídio.* Após a explicação de que o filme se propõe a ser uma reconstituição do que antecedeu e sucedeu ao crime até a condenação dos envolvidos, há um salto no tempo e vemos que a próxima cena mostrará o julgamento realizado em 17 de junho de 2006, quatro anos após o ocorrido. Até esse momento, a introdução de ambos os filmes é a mesma. É a partir daqui, considerando o julgamento e a pessoa que está depondo que a história se bifurca e aparece com versões que ora se complementam, ora se distinguem radicalmente. Tendo em vista o Efeito Rashomon[7], se considera que a diferença entre as duas versões que deram origem aos filmes pode ser explicada pela forma de interpretação pessoal do ocorrido, uma vez que cada indivíduo vivencia o mundo de forma dissemelhante. A introdução idêntica se refere ao ponto de vista, a versão da história, dos policiais que atenderam ao chamado, por isso elas não se diferem. *A menina que matou os pais* trata da reconstituição da versão contada por Daniel, namorado de Suzane.

Uma sequência de cenas exibe o momento em que Daniel, Cristian e Suzane chegam ao tribunal, com um grupo de pessoas que esperam a viatura enquanto esbravejam, incrédulas pelo crime, e jornalistas. Daniel e Cristian são retirados da viatura e o enquadramento da cena é realizado em *plongée*[8], ou seja, os irmãos são filmados de cima para baixo, como se a câmera tivesse no alto. Suzane também é retirada da viatura, mas o enqua-

---

[7] Diz respeito a situações em que não é possível saber o que de fato ocorreu uma vez que as testemunhas concebem o mesmo momento/ato/ação de formas distintas.

[8] Enquadramento realizado de cima para baixo. Usualmente esse tipo de enquadramento transmite a sensação de que o personagem é menor/inferior, uma vez que é "visto" de cima.

dramento é realizado em contra-*plongée*[9], isto é, de baixo para cima. Essa escolha de enquadramento serve, habitualmente, para expressar poder, pois quando a pessoa é filmada em *plongée* ela parece menor, inferior, como se alguém a olhasse de cima e, portanto, com poder irrisório ou nulo; por outro lado, o contra-*plongée* transmite a sensação de superioridade, de alguém que está acima dos demais. A escolha de enquadramento que se distingue entre as personagens pode sugerir que Suzane era a personagem que tinha o controle sobre os irmãos Cravinhos.

Após uma sequência de cenas que caracteriza o cenário do tribunal, os criminosos adentram a sala. Primeiro entra Cristian, irmão de Daniel e um dos assassinos confessos de Manfred e Marísia, que olha para as pessoas que estão assistindo o julgamento e se senta; o segundo é Daniel, que olha em direção ao juiz, se senta e olha para baixo, como se estivesse envergonhado pelo ato que praticou; a terceira é Suzane, que direciona o olhar de modo a tentar observar todas as pessoas que estão presentes, com as mãos algemadas ela segura um terço, ela se senta. Ao se sentar, Daniel olha para ela, que vira bruscamente a cabeça para o lado oposto. Suzane é mostrada como avessa a Daniel, sempre se esquivando das tentativas de contato visual do menino. A aversão ao ex-namorado e o terço em suas mãos corroboram a imagem de mulher arrependida, que se converteu e busca se afastar do passado pecador e de tudo e todos que remetem a ele.

A cena que enquadra todos os réus e o juiz exibe Cristian olhando para o irmão e colocando a mão em sua coxa como quem demonstra apoio. Daniel é direcionado para uma cadeira posicionada na frente do juiz a fim de depor e dar a sua versão do crime e do seu relacionamento com Suzane. Esta, que até o momento estava com a cabeça baixa virada em direção oposta aos comparsas, passa a olhar para Daniel com aparente interesse no que o menino contará ao juiz. Posicionado em frente ao juiz, com as pessoas que assistem o julgamento atrás, inclusive seus pais, Daniel emocionado passa a depor. A história contada em ambas as versões é linear, começa do passado, do momento que se conheceram, e caminha para o dia do crime.

De início Daniel menciona que sua família era amorosa, acolhedora e que sempre lhe apoiava. As características que Daniel atribui à sua família são importantes por serem opostas às características da família

---

[9] Oposto do *plongée*, o contra-*plongée* é quando a câmera enquadra a cena de baixo para cima. Aqui a percepção é de que o personagem é grande/superior, já que é visto de baixo.

Richthofen, que se mostrará como distante, elitista e autoritária. Uma espécie de reconstituição do passado é transmitida, a família parece feliz em atividades cotidianas. Nadja, mãe de Daniel, é descrita como dona de casa, como a pessoa que cuidava dos demais membros da família; Astrogildo, pai de Daniel, é caracterizado como escrivão de justiça, que sempre ensinou o filho as coisas certas e a cuidar da família. O depoimento de início estabelece a relação de cuidado que o menino acredita ter com Suzane, que passou a ser sua família. Daniel evidencia ao juiz que sua paixão era o aeromodelismo e que seus pais o apoiavam na sua escolha de ser aeromodelista.

Na cena anterior mencionada há uma construção estereotipada e clichê da felicidade oriunda da simplicidade de famílias desprovidas de alto poder aquisitivo. Aqui se reforça a frase popularmente conhecida de que "dinheiro não traz felicidade". Desse modo, desprovidos de bens materiais, a felicidade, e até mesmo o amor entre si, parecem se constituir como meios de suprimir a pobreza e suprir as necessidades. A família unida, amorosa, feliz e pobre se contrapõe à família fria, rígida e rica. A felicidade se torna oposta ao dinheiro, quase que em uma relação de repulsão mútua, de modo que a presença de um infere na falta do outro. Dessa maneira, por meio do sentimento de identificação, o filme se faz útil para a manutenção do status quo, promovendo a conformidade com a situação, que repele e afugenta os rebeldes. Sobre a indústria cultural e, consequentemente, o cinema, Adorno (1971, p. 293) menciona que:

> As ideias de ordem que ela inculca são sempre as do status-quo. Elas são aceitas sem objeção, sem análise, renunciando à dialética, mesmo quando elas não pertencem substancialmente a nenhum daqueles que estão sob a sua influência. [...] Pretendendo ser o guia dos perplexos, e apresentando-lhes de maneira enganadora os conflitos que eles devem confundir com os seus, a indústria cultural só na aparência os resolve, pois não lhe seria possível resolvê-los em suas próprias vidas.

Um corte leva o telespectador a uma pista de aeromodelismo, com Daniel no centro fazendo algumas manobras. Uma mulher com seu casal de filhos se aproxima da grade e chama o menino. A sequência de cenas seguintes mostra a primeira interação de Daniel com a família Richthofen, que começa profissional, já que ele passa a ser o instrutor de Andreas, irmão mais novo de Suzane. A construção de tal sequência evidencia o interesse de Daniel em Suzane. A menina aparece caracterizada de modo mais infantilizado, com tiara na cabeça e blusa listrada, o que sugere que Suzane era menor, adolescente. Aspecto importante de toda a primeira interação entre Marísia, Suzane, Andreas e Daniel é que a família Richthofen e o aeromodelista são separados por uma grade, que pode simbolizar uma fronteira entre mundos distintos. A família de Suzane era abastada e desfrutava de condição socioeconômica construída no filme como bastante distinta da vivenciada por Daniel e sua família.

Daniel aceita dar aula para Andreas e pede para que o menino vá até ele. Portanto, é o filho mais novo o primeiro a ultrapassar a barreira/fronteira estabelecida entre os dois mundos, entre as duas famílias. Ao ensinar Andreas algumas manobras, Daniel reafirma seu interesse em Suzane ao fazer algumas perguntas para o caçula. Suzane, na arquibancada com sua mãe, olha para Daniel fixamente enquanto toma um sorvete, o que confirma a paquera mútua. Na cena descrita anteriormente, mediante o ato de a menina chupar/lamber o sorvete, começa-se a construir a erotização de Suzane. É válido ressaltar que criminosas são, muitas vezes, associadas a lascívia sexual, portanto, há uma ligação entre a sensualidade transmitida sutilmente e a imagem que se pretende expor da assassina.

Daniel compartilha com a mãe sua paixão por Suzane, mencionando que a menina era uma princesa e que estava desapontado com a recusa dos Richthofen em autorizar a menina assistir a ele em um campeonato de aeromodelismo. Nadja adverte o filho que misturar a relação profissional que estava estabelecida com Andreas com uma relação amorosa com sua irmã poderia ser perigoso. A mãe do aeromodelista parece ter consciência da diferença socioeconômica existente entre o casal apaixonado, entretanto, ela incentiva o filho a persistir. Aqui a construção da relação familiar do filho com a mãe, a "perfeição" da família simples e o sofrimento do menino pela amada chega a ser caricaturesca, dando a sensação de que a família é exageradamente harmônica e compreensiva. Se considerarmos que a encenação decorre do depoimento do menino ao juiz, podemos supor que há uma tentativa quase desesperada de se firmar para o magistrado como um "bom menino", cuja relação familiar se pautava exclusivamente na compreensividade e afetuosidade dos pais.

A cena seguinte se passa dentro do carro. No volante Astrogildo guia o veículo, o banco do passageiro é ocupado por Daniel e atrás está Suzane e Andreas. A cena explicita que o menino foi capaz de convencer Marísia e Manfred a autorizar a viagem dos filhos para o campeonato. Andreas e

Daniel usam boné, que também pode ser considerado um indicativo de que os meninos também não eram adultos. Mais uma vez Suzane é caracterizada de modo infantilizado, com macacão, cabelo preso e chiclete na boca, o que simboliza que a menina não era adulta. A infantilização de Suzane lhe confere a qualidade de menina pura, indefesa, inofensiva, uma pessoa quase angelical. Aqui fica evidente que Daniel se apaixonou pela Suzane "boa menina", caracterizada como uma pessoa doce e feminina – considerando os atributos socialmente valorizados da feminilidade –, mas a menina se transforma. Com o decorrer do filme, conforme a menina vai se envolvendo com Daniel e expressando seus vícios, abusos de entorpecentes e anseio de matar os pais, ela deixa de ser construída de modo infantil e passa a ser erotizada, tendo sua sexualização evidenciada. Por fim, a cena estabelece Astrogildo como pai presente, que apoia e acompanha o filho em seus campeonatos.

Daniel vence o campeonato, Astrogildo profere para todas as pessoas presentes o orgulho que sente do filho. Em um momento de comemoração, Suzane se aproxima de Daniel e o abraça. Embora a menina pareça envergonhada com a demonstração de afeto em público, o casal se beija. A primeira interação entre Suzane, Andreas e a família de Daniel acontece após a conquista do menino no campeonato.

Em uma festa de congratulações, Suzane conhece Nadja. A mãe de Daniel se coloca como solícita, serve Suzane e parece ter um sentimento de cuidado com a namorada do filho. Até o momento, Nadja, que parece terna, amorosa e maternal, só aparece desempenhando funções domésticas de cuidado e servindo as pessoas que a cercam e se configuram como parte de sua família. Portanto, a maternidade, o sentimentalismo, as tarefas domésticas e a mulher confinada ao lar – âmbito privado – são as características que parecem defini-la e lhe dar credibilidade em relação à sociedade. Nadja é uma "boa mulher", que é construída nos moldes do que é socialmente valorizado no "ser mulher", ou seja, a maternidade e o zelo com os familiares e, nesse caso, a namorada do filho faz parte de sua família. A questão que se coloca é que a mãe de Daniel é "boa" porque é mãe e executa os papéis associados à maternidade e ao cuidado, reforçando a imagem da completude da feminilidade por meio da maternidade. De acordo com Emidio (2011), na contemporaneidade ainda há uma relação intrínseca entre maternidade e feminilidade que é construída com a identidade da mulher. Ademais, o relacionamento familiar da família Cravinhos parece ser leve e divertido, os irmãos Richthofen, que aparentam estar à vontade e felizes, são bem recebidos pelos familiares de Daniel.

Cristian aparece pela primeira vez no filme. O irmão mais velho de Daniel comparece na confraternização para comemorar a vitória do aeromodelista. Na interação inicial há um mistério sobre o serviço, o "trampo", que o filho mais velho de Nadja tinha conseguido, que sugere que: 1) a família poderia desaprovar; 2) que não era um serviço honesto. Suzane menciona que não entende como Cristian não mora com os pais, que são muito legais. A fala da menina mostra que ela se sentia acolhida e à vontade com a família do namorado e que gostava de estar com eles. Em seguida, Cristian sugere uma troca de famílias em tom de brincadeira e Suzane, com um sorriso no rosto, diz que aceitaria a troca. A aceitação da menina, mesmo sendo uma brincadeira, exterioriza mais que a satisfação em estar com a família do namorado, exprime a insatisfação com a sua própria família.

Na garagem que é uma espécie de oficina para Daniel construir aeromodelos, após conversar com Andreas e mostrar o aeroplano em construção, o casal fica a sós e Suzane entrega um presente ao aeromodelista. Daniel abre e vendo que é um relógio, aparentemente caro, fica surpreso. Daniel diz para a namorada que sempre sonhou em ganhar aquele relógio e a menina diz que sabia, porque tinha reparado que o rapaz ficou olhando o objeto pela vitrine. Nesse momento a diferença socioeconômica entre o casal é marcada de fato, Daniel parece tomar consciência da distância entre a sua vivência e a de Suzane.

Ainda no mesmo dia da vitória de Daniel, o casal é enquadrado em um quarto escuro. A cena começa com o casal se beijando em cima da cama do casal, a intensidade dos beijos vai aumentando e Suzane pede para o namorado ir com calma. O menino ignora o pedido e continua a beijá-la. A construção da cena, com a música ao fundo e as investidas de Daniel, torna o momento tenso. Suzane, que de início parecia estar em consenso, fica preocupada e empurra o namorado que não acatou seus pedidos. O menino se assusta com a reação da namorada. Daniel questiona se aquela seria a primeira vez de Suzane. Ainda abalada, abraçando seu joelho, a menina diz que não era virgem, mas que ele não entenderia. Daniel se aproxima da namorada, a abraça e pede desculpas. O modo como a cena é produzida deixa implícito que Suzane tem um trauma relacionado ao sexo, possivelmente decorrente de abuso sexual.

O casal sai do quarto e vai ao encontro dos seus familiares. Cristian se despede do irmão e é quem leva Suzane e Andreas embora. Após se despedir da menina, Daniel se senta ao lado do pai. Astrogildo observa o relógio que o filho ganhou e questiona de onde o menino havia conseguido o objeto. Daniel explica que foi um presente que ganhou de Suzane. Em uma fala que já sugere que o envolvimento com Suzane será prejudicial para Daniel, Astrogildo diz: *"Tem presente que sai caro depois"*. Após algumas falas sobre o relacionamento do filho e o desconhecimento dos pais de Suzane sobre o relacionamento sério firmado entre ela e Daniel, Astrogildo aponta para a gaiola em sua frente e diz: *"Tá preparado para ficar assim?"*. Daniel pergunta: *"Assim como?"* e o pai responde: *"Na gaiola"*. Embora a metáfora se refira ao "aprisionamento" de homens que entram em uma relação amorosa, existe a possibilidade de um duplo sentido sugestivo de que o namoro culminará na prisão do filho e, mais ainda, que Suzane seria a responsável por tal coisa.

Em uma cena, feita em alguma arquibancada, Daniel sugere que gostaria que Marísia conhecesse seus pais. Suzane se mostra avessa à ideia e sugere que os pais são problemáticos. Daniel pergunta se Marísia gostava dele e, após um breve silêncio, Suzane responde que é encanada com os pais. Daniel brincando diz ter percebido e a namorada tem uma relação explosiva e esbraveja: *"Tá brincando, tá brincando agora? Porque no fundo eu acho que você é igualzinho a eles, só quer me pressionar, me pressionar, me sufocar!"*. A fala de Suzane evidencia seu cansaço em relação às cobranças exigidas e a pressão que os pais exercem sobre ela; e a explosão ao se sentir cobrada pelo namorado sugere um desequilíbrio psicológico que pode ter sido causado pelo desgaste emocional da relação que a menina tinha com seus pais. De acordo com Almeida (2001), o sentimento de não ser ouvida se constitui como um dos motivos que levam as mulheres a cometerem situações extremadas de violência, como o assassinato, contra as pessoas que julga serem as responsáveis pelo seu sentimento de impotência em relação às próprias vontades.

A sequência seguinte mostra o que seria a primeira interação entre Marísia e Nadja. Ambas estão na oficina de Daniel, ao fundo é possível ver o menino, Suzane e Andreas montando um aeroplano. Marísia parece incomodada com a interação. Nadja é simpática com a mãe de Suzane e tece elogios para a menina e seu irmão. Marísia diz que o aeromodelismo é um bom *hobbie* para Andreas, insinuando que a atividade não era considerada uma profissão. A mãe de Suzane pergunta para Nadja se Daniel faz alguma faculdade, que responde em negativa, dizendo que o filho participa de muitos campeonatos internacionais e que consegue fazer dinheiro vendendo os aeroplanos que confecciona. Marísia tira a carteira da bolsa para pagar o aeroplano que Daniel estava construindo para Andreas, mas o aeromodelista recusa e diz que aquilo seria um presente de Natal para o irmão da namorada. Daniel menciona que quando o presente estivesse pronto, ele o levaria até a casa dos Richthofen. Marísia parece descontente e preocupada, enquanto os filhos ficam animados com a possível presença de Daniel em sua casa.

A construção das personagens confirma a diferença entre as famílias. Enquanto Nadja usa, frequentemente, vestidos estampados com florais, cores claras e cabelo preso, Marísia veste roupas com tecidos que aparentam ser mais leves com cores fortes, calça e cabelo solto. A imagem de Marísia, mulher que trabalha fora e tem sucesso financeiro, aparece como mais moderna quando comparada a imagem de Nadja, dona de casa simples que desempenha principalmente os papéis atribuídos à maternidade e ao matrimônio.

A primeira interação entre as famílias, na versão de Daniel, ocorre na casa de Suzane, onde ele e seus pais são recebidos por Manfred e Marísia. Após serem recepcionados na porta, todos entram e um corte nos leva para a sala da casa. Em um único sofá, comendo o que parece ser um bolo, estão sentados Andreas, Astrogildo, Nadja, Daniel e Suzane. Manfred e Marísia estão sentados em poltronas individuais, de frente para o sofá, com uma funcionária doméstica ao lado. A junção de todos em um único sofá simboliza a união da família de Daniel e o acolhimento de Suzane e Andreas, por outro lado, a união familiar não é característica dos pais Richthofen, que se sentam separados e individualmente. Na interação feita entre as duas famílias, Manfred se mostra como desinteressado e Marísia menciona que ela e o esposo amam arte e sempre quando estão na Europa eles tentam ir ao máximo de exposições que estão disponíveis.

De acordo com Bourdieu (2017), há três formas de se distinguir na classe dominante considerando o consumo: a alimentação, a cultura e as despesas com apresentação de si e com a representação. No primeiro encontro dos Richthofen com os Cravinhos todas essas formas se fazem presentes, a comida aparentemente cara que não foi feita por Marísia, o gosto e admiração pela arte e o acesso às obras e museus em outro continente e, por fim, a apresentação de si, que é constituída como mais moderna, mais fluida e imponente. De acordo com o autor:

> O que está em jogo é precisamente a "personalidade", ou seja, a qualidade da pessoa, que se afirma na capacidade de

> apropriar-se de um objeto de qualidade. Os objetos dotados do mais elevado poder distintivo são aqueles que dão melhor testemunho da qualidade da apropriação, portanto, da qualidade do proprietário, porque sua apropriação exige tempo ou capacidades que, supondo um longo investimento de tempo, como a cultura pictórica ou musical, não podem ser adquiridas à pressa ou por procuração (Bourdieu, 2017, p. 263).

Os modos de distinção qualificam as pessoas e, na visão dos pais de Suzane, Daniel e sua família não eram qualificados para que o apoio no relacionamento da filha se firmasse. O contato entre os familiares de Suzane e Daniel é marcado pelo desinteresse, distância e certa apatia da parte dos Richthofen, bem como pelo acolhimento da parte dos Cravinhos. A cena estabelece um contraponto entre as famílias e a receptividade. Por um lado temos os pais de Daniel, que são unidos, alegres, comunicativos, amorosos e receptivos; de outro temos os pais de Suzane, que são fechados, distantes (inclusive entre si) e, no caso de Manfred, desinteressado/ apático. A distância entre a família Richthofen é representada na distância física dos personagens.

Na festa de aniversário de Daniel, após a confraternização com os pais e amigos do menino, Suzane e Daniel estão dentro do quarto do rapaz. Ele que estava com a toalha em volta da cintura após tomar banho, se senta na cama ao lado da namorada. Após um diálogo sobre o pedido que Daniel fez ao soprar as velas, o casal se beija e Suzane pega um cigarro de maconha e diz que fumará para relaxar e fazer tudo o que o namorado deseja. Daniel parece contrariado com o uso da droga, mas aceita fumar com a namorada. Ao dar a primeira tragada, Daniel tosse bastante, o que sugere que o menino não tinha o hábito de fumar. Suzane, por outro lado, parece estar habituada com o uso da droga. Na versão de Daniel é, portanto, Suzane que lhe oferece droga. Os dois começam a se beijar mais intensamente e a construção da cena deixa subentendido que o casal transou.

O filme intercala momentos do "presente", ou seja, do julgamento, com lembranças do passado à medida que Daniel depõe, contando a história do casal que culminou no assassinato dos pais de Suzane. Na versão de Daniel, Suzane é criada a partir da imagem de uma menina que está sempre se drogando, seja com drogas lícitas como cigarros e bebidas ou com drogas ilícitas, como a maconha.

O casal viaja para o litoral, em uma viagem marcada por diversão na praia, sexo, compras, gastos em restaurantes aparentemente chiques e consumo de drogas. Daniel menciona ao juiz que não permitia que Suzane pagasse as coisas para ele, que mesmo com a insistência da namorada ele fazia questão de pagar por suas coisas. Em uma festa na praia, a menina consegue outro tipo de droga, em comprimido, e mistura com bebida alcoólica. Suzane, aparentemente alterada, vê outra menina ao lado de Daniel e, em um momento de ciúmes, empurra a moça e é contida pelo namorado. Em tal viagem, a imagem de Suzane é constituída mediante a violência, ciúmes, vida sexualmente ativa e uso de drogas, todas as características que se afastam do ideal da "boa mulher" por se assemelharem a características tipicamente tidas como masculinas. Ao decorrer do filme, observa-se que há um afastamento da imagem infantilizada por meio, principalmente, da sexualização de Suzane. Portanto, a menina passa não só a ser mulher, mas também a ser uma "má mulher", que se afasta dos padrões de feminilidade.

Em outro momento do convívio de Daniel com os pais de Suzane, o menino assa a carne em um churrasco enquanto os sogros bebem champanhe embaixo de um guarda-sol ao lado da piscina. Manfred em uma conversa com a filha deixa clara a sua rigidez em relação aos estudos dos filhos, com a justificativa de que quem não estuda não disfruta de boa moradia. Nas palavras de Manfred quem não estuda "[...] *mora em um muquifo, vive de bico e servicinho*". A fala carregada de preconceito parece irritar Daniel, que não estudava em nenhum curso de ensino superior. Por fim, Manfred diz com a voz alta: "Ô churrasqueiro! Quero comer". Daniel, portanto, assume a posição de um serviçal na visão de Manfred, alguém que está ali para servi-lo, que é inferior a ele e, consequentemente, inferior à sua filha.

O antagonismo de classes é ponto central em ambos os filmes sobre o crime que vitimou Manfred e Marísia, sendo constituído como o sistema relacional que orienta a narrativa fílmica. De acordo com Sorlin (1985), os sistemas relacionais dizem respeito a forma que as relações entre os personagens e a narrativa é construída. Nas palavras do autor, "Pondo em relação indivíduos e grupos, cada filme constitui, no interior do mundo fictício da tela, hierarquias, valores, redes de intercâmbios e influências" (Sorlin, 1985, p. 202).[10]

---

[10] Trecho original: "*Poniendo en relación individuos y grupos, cada filme constituye, en el interior del mundo ficticio de la pantalla, jerarquías, valores, redes de intercambios y de influencias*" (Sorlin, 1985, p. 202).

Na versão de Daniel, aqui considerada, a classe social da qual é proveniente aparece como mais virtuosa, pois se embasa na felicidade, afetividade, cuidado, simplicidade e configurações tradicionais/conservadoras da performatividade do gênero. Portanto, na narrativa de Daniel, a classe baixa confere à família Cravinhos qualidades que não condizem com a classe alta, da família Richthofen – que é definida pela rigidez, violência, distanciamento entre os familiares. O conflito que se desenvolve entre as duas classes tem seu cerne no preconceito e violência simbólica que a família oriunda da classe alta exerce sobre Daniel e seus familiares.

Agora dentro da casa, a família é mostrada como desajustada e violenta. Manfred, bêbado, ameaça a agredir a esposa na frente de Daniel e joga um sapato na direção da filha e do namorado após ter uma ordem não atendida. No julgamento, Daniel diz ao juiz que ficou abismado com a situação que vivenciou na casa de Suzane e que depois de tal episódio a situação piorou, já que a namorada mencionava que sofria constantes agressões em decorrência do alcoolismo dos pais. Na sequência de cenas que mostram essa interação de agressões verbais e tentativa de agressões físicas três elementos merecem destaque: 1) a desaprovação de Manfred em relação ao namoro da filha com uma pessoa de classe inferior; 2) a mudança de tratamento com os familiares no âmbito privado; 3) a sugestão de violência doméstica contra a esposa, Marísia.

Ao juiz, Daniel menciona que Suzane tinha muitos problemas com os pais e que, por conta da desaprovação, ele, a menina e Andreas sempre saiam escondido, quando Marísia e Manfred já estavam dormindo. Em depoimento, Daniel menciona que sempre deixava Andreas em uma *lan-house* com seu irmão, Cristian, e ia com Suzane a algum motel com a identidade falsa que a menina tinha conseguido. Portanto, fica claro que Daniel tinha mais de 18 anos, uma vez que podia frequentar motéis sem burlar a lei, mas que Suzane ainda era menor de idade, precisando utilizar de uma documentação falsa. Ademais, Suzane é retratada como alguém que burla a lei e comete atos criminosos – como falsidade ideológica – para obter benefícios próprios, que no caso estão ligados ao sexo. Todas as infrações cometidas por Suzane até o momento, como o uso de drogas e o RG falso, estão relacionadas de alguma maneira a sua vida sexual.

Assim como foi observado na parte introdutória da pesquisa, nota-se que a sexualização da mulher toma parte na construção da sua relação com a ilegalidade. Desse modo, mulheres erotizadas possuem a capacidade de seduzir homens e, por isso, são vistas como perigosas, já que se afastam dos ideais de feminilidade. Retomando Mendes (2017, p. 48), "[...] associava-se a beleza ao perigo, uma vez que as mulheres mais atraentes teriam uma capacidade muito maior de ludibriar e enganar pessoas". E, mesmo partilhando visões sexistas que hoje são rebatidas pelas ciências sociais, Lombroso e Ferrero (2017), influenciaram o imaginário popular ao definirem a criminosa nata como uma mulher que não tinha propensões para a maternidade e cuja erotização era exacerbada.

Em um quarto de motel, a menina se mostra estressada ao ser questionada sobre alguma prática sexual. Suzane parece cansada, com olheiras e sob efeito de drogas. Daniel diz querer viajar a sós com a namorada, para que o casal não ficasse preocupado com o horário. A menina menciona que os pais não a deixariam ir e em seguida expõe que as vezes gostaria que seus pais sumissem. Daniel assustado diz: "*Que isso, tá ficando louca?*". A menina responde: "*Imagina, Dan... A gente livre, sem nada, sem hora pra nada... sem prisão, sem pressão*". Suzane deixa transparecer para o namorado seu sentimento de aprisionamento em relação aos pais, que não lhe apoiam e sempre fazem cobranças. A menina parece esgotada mentalmente em detrimento do controle constante dos pais e chega a desejar a destruição daqueles que a controlam. Ela começa a esboçar sinais de instabilidade psicológica e emocional.

Em uma madrugada, Suzane liga para Daniel desesperada e pede para encontrá-lo. O jovem vai até a casa da menina, que o espera do lado de fora. Suzane conta para Daniel que a mãe descobriu que ela não estava indo nas aulas de caratê e que proibiu a jovem de ver o namorado em dias de semana. O rapaz parece inconformado e a menina completa: "*Eles vivem me seguindo, me perseguindo, pegando meu celular, eles fazem tudo.*". Daniel tenta consolar a namorada, dizendo que eles darão um jeito. Suzane menciona que foi obrigada a ir para a praia com a mãe e uma amiga. Daniel pergunta de modo decepcionado: "*Tá, mas... Mas e eu?*". Suzane fala que o namorado também irá, só que escondido.

Mais uma vez, na cena descrita anteriormente, a menina deixa explícito o seu descontentamento em relação ao controle dos pais nos mais diversos aspectos de sua vida, ela se sente perseguida por Manfred e Marísia. Outrossim, se estabelece de forma mais evidente a dependência emocional existente entre Suzane e Daniel, que não podem ser separados, que não aguentam ficar cinco dias sem se ver e tentam fazer de tudo para ficarem juntos. De acordo com Giddens (2002) essa relação de dependência é denominada de codependência. Desse modo,

> A "co-dependência" foi antes de tudo formulada como uma palavra para descrever a posição dos indivíduos em relações com outros que sofriam de dependência química — de álcool e de outros tipos de drogas. A pessoa co-dependente é o parceiro que, por mais que deteste a relação ou esteja insatisfeito com ela, é psicologicamente incapaz de sair dela. Por razões que são opacas para a pessoa de que se trata (embora possam ser reveladas pela terapia individual ou familiar), tornou-se dependente de uma relação que oferece poucas recompensas psíquicas (Giddens, 2002, p. 90).

Já na praia, Daniel espera e procura pela namorada, que chega com Andreas. O irmão mais novo de Suzane parece animado com a presença de Daniel. Enquanto Andreas vai em direção ao mar, Suzane acende um baseado e Daniel percebe uma marca de agressão no braço da menina. Ao ser questionada sobre o que teria acontecido, Suzane, após a insistência de Daniel, diz com naturalidade que Manfred havia segurado com força seu braço quando descobriu do caratê. A forma natural como a menina trata a agressão dá a entender que as agressões não são esporádicas, fazendo parte da vivência familiar da menina.

No centro inferior, com um fundo preto, aparece a legenda: *DOIS ANOS ANTES DO CRIME*. A cena seguinte revela Daniel e Suzane entrando em um motel, a menina acende um cigarro quando avista o carro do pai e pede para o namorado o seguir. Daniel, que parece não entender o pedido da namorada deixa o carro morrer. Suzane esbraveja e diz que o namorado agiu de propósito. Daniel ainda incrédulo diz: *"Que isso? Tá louca? Que que seu pai ia estar fazendo no motel, uma hora dessas?"*. Após uma tentativa de Daniel em tranquilizar Suzane, ela diz: *"Para de ser trouxa, Dan. Meu pai vive falando mal de você e você fica aí, defendendo ele. Eu sei... Eu sei que ele come puta depois do trabalho. Eu vi no computador dele, eu vi"*. Aqui, como já foi abordado no capítulo anterior, há uma naturalização, nas classes abastadas, do acesso ao recurso da prostituição por homens casados. Novamente, o relacionamento entre a prostituta e o cliente, no caso Manfred, parece ser considerado como meramente de ordem econômica, se constituindo como um tipo de transação, não se configurando como um grande problema para a família. A fala de Suzane não só expõe as traições do pai, mas demonstra a relação injusta entre Manfred e Daniel. Daniel questiona se Marísia sabe sobre as traições, ao que Suzane responde com um sorriso irônico: *"Você acha que ela não sabe, Dan? É o passe livre dela... Pra comer aquela amiga dela. Ela acha que ninguém sabe. Família de merda"*. A amiga em questão é a mesma que foi para a praia com Marísia e os filhos, a Flora.

Como a versão considerada no filme é a de Daniel, ele frequentemente aparece como bom moço, compreensivo e preocupado com as falas da namorada em relação aos próprios pais. Um homem que acata as vontades da namorada e a respeita. É pelo esforço de Daniel em ir à casa da namorada escondido, em viajar escondido, que o casal se vê com frequência.

No tribunal, Daniel diz ao juiz que Suzane afirmou que Marísia tinha um caso com a amiga, que a mãe era bissexual, e que Manfred tinha uma amante. O rapaz diz que isso era do conhecimento de Suzane e que na época ele acreditou nos dizeres da então namorada, reforçando que no presente, isto é, no julgamento, ele não sabia dizer se aquilo realmente era verdade.

A hostilidade entre a família de Suzane e Daniel vai se estabelecendo mais claramente à medida que a história se desenrola, bem como o controle e a autoridade que os pais da menina buscam exercer sobre ela. Em uma tentativa de mostrar o controle que tinha sobre a filha, Manfred diz a Daniel que a menina iria para a Europa com a família. O menino estranha a viagem e se mostra descontente com o fato de ficar um mês longe da namorada.

Em julgamento Daniel diz que a viagem foi difícil para ele e que os pais de Suzane sempre a castigavam retirando dela o que ela mais gostava, que na época era ele. Novamente a dependência emocional entre o casal é declarada. Sobre a dependência emocional, Bution e Wechsler (2016, p. 89) explicam que:

> Tal patologia se assemelha à dependência de substâncias, tanto em relação à sintomatologia quanto aos processos neurais envolvidos. Também foi observado que a dependência emocional pode ter sérias implicações tanto para quem sofre desta problemática como para aqueles que estão à sua volta, sendo a violência doméstica a consequência mais discutida.

A dependência emocional é vista como uma patologia que causa modificações na vida das pessoas que a possuem. Como se assemelha à dependência de substâncias, a falta que o outro desempenha pode ser parecida com a abstinência causada pelo vício. As autoras ainda alertam sobre as consequências da dependência emocional e estabelecem a violência doméstica como a mais comentada. Tal dependência entre Suzane e Daniel parece ser mútua e, portanto, é compartilhada pelos dois, sendo Suzane dependente de Daniel e vice-versa, embora Daniel se coloca como a parte que mais sofre com a distância da amada em sua versão dos fatos.

Enquanto Suzane estava na Europa com os pais, Daniel parece perdido e desanimado. Cristian tenta animá-lo, mas não obtém sucesso. Ao retornar de sua viagem, Suzane traz consigo diversas sacolas com presentes para o amado. O casal está no quarto do menino e ele abre as sacolas que ganhou de Suzane. A menina lhe entrega a última caixa, mas antes de abri-la ele pergunta como foi a viagem. Sem responder a menina pega um baseado e Daniel a repreende dizendo: "*Ah, não. Peraí Su. Você vai fumar esse negócio de novo?*". A menina ignora Daniel e acende o cigarro. A garota diz ao namorado que a viagem foi péssima, pois em todo lugar ela desejava que o namorado estivesse com ela. A menina diz que seu pai está preocupado com o vestibular e a inscreveu em um cursinho pré-vestibular. Daniel desapontado conclui que eles se verão menos.

Em tom de brincadeira, Daniel encena uma conversa com Manfred, em que menciona gostar da menina e que ele não deveria impedir o relacionamento do casal. Na encenação Daniel simula que retira uma arma das costas e aponta para Manfred e termina com sons de tiro. O menino ri, achando a encenação engraçada, enquanto séria Suzane fuma e olha em direção ao lugar que o pai estaria baleado no chão e, sem demonstrar tristeza, diz: "*Matou?*". Daniel fica sério e estranha a reação fria da namorada em relação ao fim trágico do pai. Enquanto a menina fica com expressão apática fumando seu baseado no quarto do namorado, o depoimento de Daniel aparece como som de fundo e ele diz: "*Ela sempre me dizia que pensava e planejava a morte dos pais, mas eu não conseguia achar o motivo de tanto ódio*".

Após uma sequência de cenas que mostra a afinidade e cumplicidade entre Cristian e Daniel, que visa estabelecer uma explicação dos motivos que levaram o irmão mais velho a participar do crime, aparece centralizado no canto inferior a legenda: *UM ANO ANTES DO DIA*. Em um dia aparentemente feliz, Suzane ganha um carro dos pais. Manfred menciona que se a menina tivesse ingressado na faculdade que ele queria o carro seria melhor e a menina diz estar satisfeita com o veículo que ganhou. Manfred fala que a filha poderia ter estudado um pouco mais para ter entrado no curso pretendido pelo pai e ela diz: *"Pra quê?"*. O pai olha para Daniel de modo a insinuar que o rapaz era o responsável pelo desinteresse de Suzane em relação aos estudos. Daniel olha para baixo, evitando contato visual com Manfred.

A cena seguinte revela que Suzane matava aula da faculdade para ficar na casa do namorado. Ao sair da residência e ir em direção do carro, Daniel pergunta: *"Ué, você esqueceu de esconder o carro?"*. Suzane diz que optou por deixá-lo, já que sua passagem seria rápida. Uma música tensa se inicia e, ao olhar em direção ao carro, a menina observa um papel no para-brisas. No bilhete estava escrito *TE PEGUEI*, isto é, a menina foi pega mais uma vez matando aula, agora do seu curso de graduação, para ficar com o namorado. Ela fica nervosa e esbraveja. Aparentemente no mesmo dia, na parte da noite, Daniel está aflito no sofá e ao ouvir a campainha se levanta correndo para atendê-la. Suzane entra chorando na casa da família de Daniel e deixa todos preocupados. A menina diz não aguentar mais conviver com os pais e é acolhida por Nadja. Daniel além de esboçar preocupação com a namorada parece estar irado com os pais da menina. No quarto de Daniel, Suzane chora e diz que o pai disse muitas cosias horríveis e que proibiu o namoro com Daniel. A inicial desaprovação do namoro, que fazia com que o casal apaixonado se encontrasse escondido, escalou para a proibição do relacionamento amoroso.

A sequência é construída de modo a causar incomodo no telespectador, com o jogo de luzes amareladas e esverdeadas, uma melodia que transmite tensão e agonia. Daniel nota alguns hematomas no corpo de Suzane e pergunta se ela havia apanhado do pai. Com uma tensão explicita, Suzane diz sem esboçar reação: *"Eu tenho tudo planejado, a gente usa a arma dele... ou então põe fogo no sítio com eles dentro"*. Daniel questiona a namorada, que continua a expressar seu plano: *"A empregada vai ser a culpada perfeita"*. Suzane está com a expressão apática e olhar distante, do mesmo modo que sempre aparece ao insinuar/planejar/desejar a morte dos pais. Daniel afirma que nenhum dos dois é assassino e a menina pede para o namorado a salvá-la do pai. O menino chora e diz que a namorada não está falando sério e pede para a namorada se acalmar. Alguns cortes e sequências mostram a confusão entre o casal e o estado emocionalmente abalado de Suzane e Daniel. A menina confidencia ao namorado aos prantos que é abusada pelo pai quando ele está embriagado. Ela grita, de modo a extravasar os sentimentos reprimidos e Daniel chora. A menina então questiona: "*Agora você me entende?*" e Daniel faz sinal afirmativo com a cabeça expressando ódio no olhar.

A sequência de cenas construídas para transmitir uma sensação de peso e incômodo serve para mostrar que aquele foi o momento que Daniel passou a entender o ódio da menina pelos pais, bem como compartilhar de sua desordem emocional e psicológica. Também é nesse momento que o namorado passa a concordar com a ideia de assassinar os pais da menina. A revelação do abuso sofrido é ponto central na história de Daniel, pois se constitui como a sua motivação. Isto é, a hostilidade de Manfred em relação a ele, a sensação de se sentir diminuído pela família de Suzane e as tentativas de separar o menino da menina não foram os aspectos que motivaram o rapaz a cometer o crime; foi o mal causado à namorada, o abuso sexual que o pai cometia com a filha, foi a sua preocupação com a mulher amada.

Manfred é então construído nessa perspectiva como homem violento, classista, rígido e autoritário que abusava sexualmente da filha. A mãe era omissa em relação às atitudes de seu esposo. O pai é então a figura que silenciava Suzane, que desconsiderava suas vontades e seus desejos, fazendo-a se sentir impotente em relação à própria vida, com a impossibilidade de escolher por si as coisas que queria para sua vida.

Para o juiz, Daniel diz: "*Foi isso que ela passou pra mim. Que sempre que a mãe dela colocava ela de castigo, o pai dela bebia, subia até o quarto e ia agredir. Ele usava isso como pretexto para poder... passar as mãos nas partes íntimas dela*". Nesse momento, Daniel olha para Suzane, suspira e continua a sua fala direcionando seu olhar para o juiz: "*Na hora, eu não soube lidar com a situação. E eu acho que nem comigo mesmo*". A fala do rapaz reforça a concepção de que ele ficou abalado e perturbado quando soube que a namorada sofria mais que a violência física que ficava marcada em seu corpo, era também violentada sexualmente.

O casal planeja o assassinato de Manfred e Marísia. O menino está no quarto de Manfred e atira contra um tijolo enquanto Suzane está do lado de fora avaliando o som que o disparo faria. O depoimento de Daniel é sobreposto ao teste do crime e diz: "*Ela queria que eu testasse a arma dentro do quarto do pai dela, com tudo fechado, ela ficaria do lado de fora enquanto eu atiraria do lado de dentro, pra ver se fazia muito ou pouco barulho. Porque a janela do quarto dele era aquelas... antirruído então não fazia tanto barulho*".

Agora no tribunal o rapaz diz ter acreditado na menina e ter feito o que ela queria fazer. De acordo com Daniel, até o momento do crime ele não havia percebido que tinha sido usado por Suzane, embora afirme ter ciência de tal fato no presente. O aeromodelista menciona que foi Suzane quem sugeriu a participação de Cristian, afirmando que a ação aconteceria mais rápido com a ajuda do rapaz.

Em uma cena que remete ao passado, Daniel aparece tentando convencer o irmão a ajudá-lo. Cristian reluta a aceitar fazer parte do plano do casal, sendo coagido a participar do crime mediante a chantagem emocional de seu irmão. O fundo escurece e centralizado na parte inferior aparece *O DIA*.

A sequência inicia com o casal na oficina de Suzane, preparando a arma do crime. Suzane parece tranquila e fuma um cigarro, enquanto Daniel parece tenso e preocupado. A mulher tranquiliza o namorado dizendo: *"Ei, você não pode ficar assim. Tem que fingir que não tá acontecendo nada"*. O aeromodelista olha para frente com o olhar vazio/perturbado. Na próxima cena há uma quebra da quarta parede e olhando para a câmera, com Suzane desfocada atrás ele diz: *"Na hora, eu estava completamente perdido. Eu fiquei tentando assimilar o que estava acontecendo"*. A quebra da quarta parede se constitui como o momento em que o menino se justifica, dizendo que se deixou levar pelo amor a Suzane e que não estava raciocinando sobre o que estava prestes a fazer, sem consciência das consequências de seu ato. A menina se aproxima do namorado, que volta à encenação normal. A quebra da quarta parede simboliza a ruptura com a encenação e busca dar uma explicação/justificativa do ato criminoso cometido por Daniel. Como o filme se trata de lembranças de Daniel que são reconstituídas à medida que ele depõe, ao se virar para a câmera o rapaz demonstra ter no presente uma consciência e percepção que não teve no dia.

Horas antes do crime o casal age como habitualmente, se encontram escondido e levam Andreas na *lan-house*. Suzane puxa o irmão e diz que irá ao motel com o namorado e que voltará para buscá-lo por volta das três horas da manhã. Suzane parece mentalmente perturbada e chapada pelo uso de drogas. Daniel conversa com Cristian e o pressiona para participar do assassinato. Cristian pede para o irmão cancelar o plano. Com o depoimento sobreposto a cena, Daniel explicita que pressionou o irmão, retirando dele a possibilidade de não ir, pois eles precisavam estar juntos. Um corte leva para o julgamento e o juiz questiona quem dirigiu o carro e o réu responde que foi Suzane, nas palavras dele: *"Eu tremia tanto que eu não conseguiria"*. O depoimento de Daniel deixa claro que ele estava preocupado e ansioso em relação ao crime, mas que Suzane estava tranquila e calma, se mantendo fria em relação à morte dos pais.

Suzane ao volante, Daniel no passageiro e Cristian no banco de trás rumam para a casa da garota. A motorista fuma e repassa o plano, Daniel chora e Cristian se mostra contrariado com a ação, pedindo novamente para o irmão desistir do assassinato. Enquanto os irmãos discutem, Suzane se mostra despreocupada, fumando e dançando o reggae que toca no rádio de forma descontraída.

Ao passar pela portaria os meninos se abaixam e o porteiro olha rapidamente para o carro de Suzane enquanto assiste a um jogo de futebol. Suzane comanda as ações dos irmãos Cravinhos. A menina confere se os pais estão dormindo e liga a luz do corredor para que os assassinos visualizassem melhor suas vítimas. Os irmãos se posicionam ao lado dos pais de Suzane e começam a espancá-los com as ripas de madeira. As vítimas gritam e agonizam enquanto são agredidas. Uma cena mostra o sangue respingando no teto. Uma junção de cenas é interposta e mostra o momento em que o casal se conheceu e o momento que Suzane falou para Daniel que sofria abuso sexual, ou seja, os dois momentos cruciais que levaram Daniel a cometer o ato criminoso. Outras cenas já exibidas são recolocadas, como a menina se drogando em uma festa e ficando chapada, isto é, cenas que elucidam que Suzane estava mentalmente instável e abalada. A cena seguinte mostra a fúria de Daniel ao espancar Manfred. A construção sugere que Cristian matou Marísia e Daniel, Manfred.

Ao finalizar o ataque os irmãos despejam uma jarra de água sobre os corpos e cobrem a cabeça do casal morto. No tribunal, Daniel diz emocionado: *"Hoje sei que ela conta uma história totalmente diferente, sei que ela fala coisas horríveis sobre mim, sobre a minha família... Eu não sei como eu pude me deixar levar por ela..."*.

De volta à cena do crime, após finalizar o ato criminoso que vitimou Manfred e Marísia, os irmãos reviram o quarto para simular um assalto que deu errado. A música *Love will tear us apart* é sobreposta. Daniel sai do quarto com a arma do crime e desce as escadas. Cristian se esforça em bagunçar o quarto dos pais de Suzane. A menina espera o namorado em frente a um espelho e, pelo reflexo, ela vê o rapaz descendo a escada com sangue de seus pais pelo corpo, a música se encerra e ela pergunta se ele já havia acabado. Suzane parece indiferente à perda de seus genitores, não se mostra triste, preocupada ou culpada pelo crime planejado por ela e executado pelo namorado e seu irmão. O trecho da música exibida vai ao encontro da narrativa adotada pelo rapaz, de que foi o seu amor pela menina que mudou o seu caminho, o prejudicando.

Na última cena do filme podemos notar que a iluminação avermelhada toma conta da menina, o que pode sugerir uma ligação com o mal, com o obscuro. Em algumas cenas, o planejamento da morte dos pais é transmitido através de sua imagem refletida no espelho, agora com a concretização do plano, Suzane aparece em contato com sua imagem refletida, seu duplo obscuro. Portanto, agora a sua parte ruim e má passa a fazer parte da menina e a caracterizá-la.

Após a encenação descrita, aparece sobre um fundo preto as seguintes palavras centralizadas *JULGADOS OS RÉUS, SUZANE LOUISE VON RICHTHOFEN E DANIEL CRAVINHOS DE PAULA E SILVA FORAM CONDENADOS A 39 ANOS DE RECLUSÃO E 6 MESES DE DETENÇÃO. O RÉU CRISTIAN CRAVINHOS DE PAULA E SILVA FOI CONDENADO A 38 ANOS DE RECLUSÃO E 6 MESES DE DETENÇÃO.*

Vemos que, embora mulheres criminosas geralmente tenham pena reduzida quando comparadas com os homens que cometem o mesmo crime, no caso Richthofen a condenação estipula o mesmo tempo de condenação a Suzane e a Daniel. De acordo com Almeida (2001), as mulheres que saem da tipificação feminina, que possuem característica do universo masculino, são descaracterizadas e recebem penas maiores.

O filme ainda exibe uma cena pós-crédito de chamada para o outro filme, em que Suzane aparece dando seu julgamento. A menina, que está de cabelo curto, loiro mais claro e com franja, aparece em primeiro plano e diz com os olhos cheio de lágrimas: *"Meu nome é Suzane Louise von Richthofen. Eu quero contar a minha história... a minha vida. Na época eu achava que ele queria matar meus pais por amor. Mas hoje eu sei que é pelo que o dinheiro pode dar.".* Um rock começa ao fundo e os créditos continuam.

3.2 O MENINO QUE MATOU MEUS PAIS

Para não correr o risco de cair em repetições desnecessárias, é importante recordar que a parte introdutória de ambos os filmes é idêntica por se tratar, possivelmente, da visão dos policiais que atenderam a ocorrência. É no dia do julgamento que os filmes se divergem e reconstituem a versão da pessoa que dá o depoimento. Em *O menino que matou os pais*, a versão considerada é a de Suzane, é ela quem depõe no tribunal.

O título inicial que aparece na tela é *A menina que matou os pais* e algumas sobreposições são feitas e o título se torna *O menino que matou meus pais*.

A sobreposição das letras pode sugerir que o primeiro filme aqui analisado mais se assemelha à visão de que os produtores e diretores possuem do crime, se constituindo como o filme "original". Ainda, a correção do título feita com o que se assemelha a colagens evidencia que o segundo filme se propõe em ser uma versão alternativa para o primeiro. Outro fato que corrobora que a percepção dos produtores confere mais credibilidade ao filme que conta com o depoimento de Daniel sobre o crime é o terceiro filme, intitulado *A menina que matou os pais: a confissão*[11]. Se o primeiro e o segundo filme possuem a premissa de serem complementares, de demonstrarem duas perspectivas sobre o mesmo crime, o terceiro filme finaliza a saga e amarra a história. De modo resumido, a impressão inicial da terceira produção mostra o desespero de Cristian, a preocupação de Daniel e a frieza de Suzane nos momentos que antecederam a confissão e culminaram na prisão dos envolvidos. O terceiro filme, diferente dos primeiros, não possui a perspectiva "presente" do julgamento, se trata quase inteiramente do passado, do que aconteceu depois do assassinato de Manfred e Marísia.

Dando sequência, após o título do filme aparecer na tela, as cenas seguintes mostram, de modo similar a produção já analisada, as viaturas chegando ao tribunal e os assassinos sendo escoltados pelos policiais. A menina parece interessada em observar o grupo que esbraveja e segura alguns cartazes que pedem por justiça e a chamam de assassina. De modo geral, todos os cartazes são direcionados a Suzane e a fúria dos civis parece ser direcionada a Suzane. As cenas evidenciam o impacto e relevância do crime para a sociedade, uma vez que quatro anos após o assassinato a imprensa e um bando de pessoas acompanhava a chegada dos réus e clamava por justiça.

Um corte nos leva para a audiência e a principal diferença da cena em relação ao filme *A menina que matou os pais* é a desaprovação de Daniel quando Suzane vira bruscamente para o lado oposto ao ex-namorado. A menina é chamada para depor, com o terço na mão, ela se senta na cadeira posicionada na frente do juiz. O juiz questiona, se referindo à acusação de Daniel de que teria sido usado por Suzane: *"Essa acusação é verdadeira ou a senhora gostaria de apresentar outra versão sobre os fatos?"*. A ré diz que não

---

[11] O filme não foi analisado devido ao tempo para a conclusão da pesquisa. *A menina que matou os pais: a confissão* foi lançado em 27 de outubro de 2023, na Amazon Prime Video, momento em que o trabalho já se encontrava avançado em relação às análises fílmicas.

é verdade e que desejava contar a sua história para que o juiz entendesse o que havia acontecido com ela.

Na cena descrita anteriormente, a utilização do objeto sacro parece se constituir como um meio de mostrar uma mudança pessoal; é uma forma de dizer sem falar que seu tempo aprisionada cumpriu a função esperada, de arrependimento pelo erro cometido, e que sua penitência ultrapassou o plano mundano, passando a contemplar o plano religioso. Desse modo, Suzane evidencia que não estava apenas sob o julgamento do juiz, mas também sob o julgamento de Deus. A religião, portanto, aparece como uma tentativa de a criminosa se reumanizar frente ao magistrado e as pessoas ali presentes. Desse modo, ambas as assassinas consideradas na pesquisa utilizam de meios para recriar uma imagem de si, cujo objetivo era a re-humanização frente aos envolvidos em seus julgamentos, a mídia e, principalmente, a sociedade de modo geral; Elize faz uso da maternidade e Suzane da religiosidade e sujeição às vontades do namorado.

Na história contada por Suzane a sua família era alegre, amorosa e unida. Uma cena mostra todos em uma comemoração do aniversário de Andreas. A menina em depoimento diz que sua família era bem-estruturada e de bem, que a partir da sexta série ela passou a frequentar uma classe para alemães, em que o regime era mais rígido. A voz da menina é calma, ela veste um moletom azul claro e o tempo todo segura o terço em suas mãos. Ainda de acordo com a menina, ela era uma adolescente comum, que frequentava o curso de inglês e aulas de caratê. Segundo ela, a vida era boa com os pais dela e tudo era feito com muito amor.

A tela escurece e centralizado aparece *TRÊS ANOS ANTES DO DIA*. A cena seguinte exibe o primeiro encontro entre Marísia, Andreas, Suzane e Daniel. Andreas parece empolgado vendo as manobras de Daniel. A interação entre Marísia e Daniel se mostra mais espontânea e suave na perspectiva de Suzane, embora ainda seja intermediada por uma grade que simboliza a fronteira entre os dois mundos. Em uma interação entre Suzane e a mãe, enquanto elas observam Andreas sendo instruído por Daniel, Marísia diz que percebeu que o rapaz estava interessado na filha e que ela estava na idade de se divertir, incentivando a paquera entre os jovens. Marísia, portanto, aqui aparenta ser uma mãe compreensiva, descontraída, presente na vida da filha e parceira. A relação entre mãe e filha é construída de maneira distinta da primeira produção, em que a mulher é retratada como séria e mais distante dos filhos.

A proximidade entre Andreas e Suzane se torna evidente em *O menino que matou meus pais*. Em uma cena a menina chega empolgada no quarto do irmão e diz que Daniel tinha a chamado para ir ao cinema e pede a ajuda do irmão para que a mãe permitisse o encontro. A sequência de cenas seguinte exibe o casal descendo a escada rolante e comentando sobre o filme, em determinado momento Daniel para em frente a uma vitrine e admira um relógio exposto, Suzane observa o menino que fala que um dia teria um relógio daquele. Depois, o casal aparece em uma roda gigante, na cabine de número 13 – número que culturalmente é associado ao mau agouro –, depois de uma conversa o casal se beija e o Daniel diz a Suzane que ela era a menina mais bonita que ele já tinha visto na vida e que só pensava nela. O celular de Suzane toca e a menina anuncia que quem a ligava era sua mãe e que provavelmente a mulher havia chegado para buscá-la. Daniel suspira brevemente e pergunta se Marísia sabia que ela estava no parque com ele e, de modo enfático, Suzane diz que sim. O menino pergunta se a mãe havia deixado a filha acompanhá-lo no campeonato e Suzane responde que Marísia provavelmente irá permitir. Essa sequência de cenas se apresenta como um complemento ao primeiro filme, pois exibe momentos que são ocultados na primeira produção. Destarte, como no primeiro filme, esse estabelece de início elementos que sugerem que o relacionamento entre o casal não irá acabar bem, que aqui é feito por meio da simbologia do número 13, que transmite a ideia de azar.

No campeonato de aeromodelismo está Astrogildo, Suzane e Andreas, além de Daniel. Após receber a premiação por ter vencido, o aeromodelista beija Suzane, que aparenta ficar desconfortável com a demonstração de afeto em público. Na casa de Daniel todos estão à mesa, inclusive Nadja, comemorando a vitória do menino. Diferente da versão contada por Daniel, Astrogildo coloca um copo de cerveja ao lado da menina, oferecendo-lhe bebida. Suzane devolve o copo e diz não beber. Vale ressaltar que Suzane era menor de idade quando o pai de Daniel lhe oferece bebida. A campainha toca e Cristian entra em cena, estourando uma bexiga. Também de modo distinto da construção do primeiro filme, o irmão mais velho de Daniel é mostrado como inconveniente, pois chega estourando uma bexiga e mexendo nos seios da mãe. Suzane parece desconfortável com a interação de Cristian com Nadja. Astrogildo parece bravo com o primogênito e é um pouco ríspido.

Há quatro mudanças principais do momento em que Suzane conhece Nadja e Cristian quando considerado o primeiro filme: 1) a cerveja, no filme *A menina que matou os pais* a bebida oferecida pela família de Daniel é refrigerante guaraná – em *O menino que matou meus pais* a sugestão de ilegalidade que ronda a família de Daniel é mais explícita. 2) Relação mais fria e distante entre Cristian e Astrogildo – o estranhamento entre pai e filho sugere um distanciamento, uma desarmonia e um descompasso da família Cravinhos (construção completamente oposta à retratada por Daniel, para quem a família era entrosada, fraterna e acolhedora). 3) Cristian parece mais eufórico e inconveniente. 4) A câmera enquadra mais Suzane em primeiro plano, o que dá ênfase às suas reações, como estranhamento/desconforto.

Daniel e Suzane estão na oficina e a menina lhe entrega um presente. O menino abre o presente e percebe que ganhou o relógio que havia admirado no shopping com a menina. Ele parece feliz com o presente e se mostra grato a Suzane com um beijo. Daniel diz que quer conhecer o pai de Suzane e pergunta à menina se Manfred irá gostar dele. Suzane responde: *"Claro que vai gostar. É só a gente ir com calma."*. A fala da menina já sugere que a desaprovação do pai não se deu exclusivamente por Daniel pertencer a uma classe inferior e não frequentar a faculdade, se deu pela forma acelerada do relacionamento. Uma diferença presente é que ao ganhar o relógio o menino se mostra surpreso e animado, mas não parece adquirir consciência de que as classes socioeconômicas de ambos eram distintas, ou, se percebe tal discrepância, parece não se importar e se aproveitar da situação.

Manfred, Marísia, Suzane, Andreas e Daniel estão sentados ao redor da mesa de jantar enquanto se alimentam. Andreas agradece a Daniel pelo aeromodelo que ganhou e Manfred de modo respeitoso e sereno diz que pagará o menino, já que aquele era seu trabalho. O pai de Suzane é construído como um homem polido, que respeita a profissão de Daniel e não a considera como mero *hobbie*. Daniel pede para os pais de Suzane permitirem que a menina vá até a casa de sua tia, para que todos possam conhecer a garota. Nessa configuração, embora pareça desconfortável e fechado em relação a Daniel, o pai de Suzane é respeitoso e cortês com o menino.

Em vez de levar a namorada para a casa da tia, como havia informado, Daniel leva a menina para sua casa, que está vazia. A menina aparenta preocupação sobre a sua reputação de ser "boa menina" se for pega com o namorado na casa vazia. No quarto, Suzane se senta em uma cadeira ao lado da cama do rapaz. Daniel se senta em sua cama perto da menina e lhe oferece um baseado, dizendo que a droga é boa para relaxar.

A menina que diz nunca ter fumado maconha se retrai, mas é convencida a experimentar. Após tragar, Suzane tossindo muito diz que o gosto não é bom. As roupas da menina são mais recatadas, com gola alta e calça. Esse momento também não é exibido no primeiro filme, se tornando uma complementação com uma distinção manifesta: na versão de Suzane ela nunca havia usado drogas ilícitas antes de conhecer o namorado.

No presente, depondo para o juiz, a menina diz nunca ter fumado antes desse momento e que se sentiu péssima, com os olhos avermelhados e com mal-estar. A cena seguinte mostra Marísia cuidando da filha, que vomita no vaso sanitário, a mãe parece preocupada com a saúde da menina. A imagem de Marísia na versão de sua filha é caracterizada a partir dos atributos valorizados da maternidade, como o cuidado, a preocupação, a presença, a cumplicidade. Suzane menciona que depois de fumar maconha com o namorado ela passou a omitir de seus pais coisas que aconteciam com ela e a mentir.

Depondo para o juiz, a ré diz que ter que mentir para sua mãe foi difícil e que, até as mentiras começarem, o relacionamento entre ela e a mãe era verdadeiro. Um burburinho começa no tribunal e uma mulher que assiste ao julgamento diz: "*Dissimulada*". A cena dá indícios de que a menina não estaria explicitando a verdadeira história ao juiz e que tentava passar uma imagem de si incondizente com a realidade. No primeiro filme, embora em algumas situações houvesse comentários na plateia e reações de surpresa, ninguém esboçou dúvidas em relação à história apresentada por Daniel. Suzane continua seu depoimento dizendo que as mentiras a afastaram de sua mãe e, de acordo com ela, Daniel era o culpado por tal feito, uma vez que pedia para ela esconder as coisas de Marísia.

A próxima sequência estabelece o contato dos Richthofen com os Cravinhos, que acontece na casa de Nadja e Astrogildo. A interação dos personagens indica que aquela não era a primeira vez que as famílias se encontravam e, portanto, também é uma cena que complementa a primeira produção fílmica. Embora se mostrem educados, Manfred e Marísia parecem desconfortáveis com o jantar, cujo prato principal era pizza. Na mesa de jantar, Astrogildo bebe cerveja enquanto come a pizza. A bebida alcoólica é geralmente associada às camadas populares e, por estar sobre a mesa em todas as confraternizações que tiveram como cenário a casa de Astrogildo e Nadja, é simbolizada como algo pejorativo e ruim. Como já mencionado, a bebida alcóolica é um componente presente para as duas famílias e, embora seja um elemento construído como pejorativo e imoral, há uma distinção entre o tipo de bebida consumida pelos Cravinhos (classe baixa) e pelos Richthofen (classe alta).

Em ambos os filmes sobre Suzane os patriarcas das famílias parecem fazer uso recorrente de bebidas alcóolicas. Na versão de Daniel isso fica mais explícito, já na versão de Suzane é colocado nos detalhes do cotidiano que é transmitido ao telespectador. Entretanto, um fato interessante e distintivo de classe é o tipo de bebida alcoólica consumida. Manfred bebe champanhe – bebida tipicamente consumida e associada à classe alta –, enquanto Astrogildo bebe cerveja – bebida popularmente consumida pela classe baixa e, por isso, associada às camadas inferiores da sociedade.

Voltando para sua casa com os pais, Manfred diz à filha que acha que o namoro dela está indo rápido demais. A menina diz gostar da família de Daniel e Manfred fica sem paciência, mas é interrompido por Marísia, que diz: *"Filha, o que teu pai tá tentando dizer é que... Sei lá, eles são de outro mundo, sabe?"*. A menina diz gostar do mundo dos Cravinhos e Marísia questiona se a filha não consegue perceber a distância entre a sua realidade e a do namorado. Embora na versão de Suzane também fique claro que seus pais não são a favor do namoro com Daniel, aqui a mãe dela parece mais compreensiva. A questão de classe é posta, os pais alertam a menina sobre a diferença socioeconômica entre ela e o namorado, mencionando a distância entre as vivências do casal apaixonado.

O sistema relacional do antagonismo entre as classes também é evidente nesse filme. Entretanto, na versão de Suzane, a classe da qual faz parte tem como característica a valorização dos estudos dos filhos, a preocupação com o futuro, o cuidado e a presença (principalmente da mãe), a polidez. Já a classe do namorado é marcada pela farra, demonstrações públicas exageradas de afeto e contato com a ilegalidade e imoralidade, mesmo que também seja considerada mais afetuosa. O conflito entre as classes aqui se estabelece pelo interesse econômico do namorado, isto é, pelos ganhos financeiros que Daniel obtém por meio de seu relacionamento com Suzane.

No dia do aniversário de Daniel, o casal aparece no quarto do menino e se beijam. Daniel tenta forçar a menina a transar com ele, mas ela o afasta e pede para que ele parasse. Daniel impaciente diz que estava cansado de esperar e que Suzane ia acabar perdendo-o. A menina fica triste com a irritação e a fala do namorado e chora. Daniel, mais calmo, se aproxima de Suzane e diz que ela havia prometido transar com ele. Daniel acende um baseado e pede para a namorada fumar para ficar relaxada. A menina parece contrária ao uso, mas cede novamente. Com a menina aparentemente chapada, o rapaz começa com as investidas sexuais e pede que Suzane confie nele.

Em ambas as produções o relacionamento tóxico entre o casal e a dependência emocional é posta, mas a depender da versão contada um dos envolvidos se apresenta como mais dependente do outro. De acordo com o filme agora considerado, Suzane possui maior dependência emocional, a ponto de ser influenciada e acatar todos os desejos do namorado. Daniel aqui é construído como a parte tóxica do namoro, que usa de chantagem emocional e droga a namorada para transar com ela. Em *A menina que matou os pais*, Daniel é a pessoa que aceita as vontades da namorada e é subserviente a ela a ponto de aceitar matar Manfred e Marísia com o comando dela.

Um corte nos leva para o momento presente, em que Suzane relata a primeira vez que transou com Daniel. Nas palavras da menina, ela deixou de ser virgem com Daniel e o sexo não foi da forma que ela esperava. A fala dela sugere que ela foi estuprada pelo namorado, uma vez que teve sua vontade desconsiderada e foi drogada. Ela diz ao juiz que: "*Como toda menina eu sonhava com o príncipe encantado. Com uma noite linda, uma coisa toda romântica. E de repente foi assim. Pra ele era só mais uma... Pra mim não era*". Com seu depoimento ela reforça a ideia de que estava sendo usada pelo namorado, que a via como objeto de prazer e satisfação.

Uma das cenas mostra que foi Daniel que fez o RG falso da menina. Ele chega perto do pai dizendo que tinha feito um trabalho de mestre e entrega o documento para o pai. Astrogildo analisa e diz que a menina está linda na foto. O pai de Daniel entrega o documento para a menina, que parece não ter ciência do que se tratava, e diz: "*Só faltava idade. Agora já tem. Já pode até ser presa.*". A conversa parece sugerir que a menina será presa em decorrência do envolvimento com Daniel, além de mostrar que a família Cravinhos praticava atos ilícitos – oferecer bebida para menor, fraude de identidade. A normalização da ilegalidade nas classes populares faz parte do sistema relacional construído no filme.

Daniel diz ao pai que vai comprar um carro novo com a ajuda de Suzane para que o casal possa ir até a praia. Essa perspectiva contraria o depoimento dado por Daniel, que mencionava que o rapaz não aceitava o dinheiro da namorada. A viagem para a praia, assim como no primeiro filme, é marcada por sexo, uso de drogas e compras, mas agora é Suzane que paga por tudo. Em uma construção de cena realizada dentro de uma loja, em que o menino sai com sacolas na mão e deixa a namorada para trás para pagar pelos objetos adquiridos, começa a ficar explícito o interesse que Daniel tinha em desfrutar da condição socioeconômica da menina. Em depoimento Suzane diz que Daniel não pedia dinheiro para ela, mas falava que queria algumas coisas e que, na tentativa de agradar ao rapaz, ela comprava o objeto desejado. Suzane conta ao juiz que foi ela quem deu o celular do menino, que deu ao namorado televisão, aparelho DVD, aquário, entre outras coisas.

Centralizado com o fundo escuro aparece o escrito *DOIS ANOS ANTES DO DIA*. Suzane chega em sua casa e Marísia a espera sentada no sofá. A mãe diz ter descoberto que a filha não estava frequentando as aulas de caratê e se diz decepcionada com a menina. Marísia alerta que ela e Daniel não nasceram grudados e que o rapaz a estava levando para o fundo do poço. Ao ser questionada se sua vida sexual já havia se iniciado a menina mente. De maneira brava a mãe diz que agora a filha não poderia mais namorar durante a semana e que elas iriam fazer uma viagem para a praia sem Daniel. A cena se estabelece como contraponto da versão apresentada no primeiro filme, onde Suzane foi agredida e parecia desesperada. Embora se mantenha firme e pareça brava com a atitude da filha, Marísia não a violenta nem verbalmente.

Na praia Suzane e Andreas pedem dinheiro para Marísia para que eles dessem uma volta na praia. Com o apoio de Flora, amiga de Marísia que estava na viagem com eles, a mãe dá dinheiro para os filhos que saem e vão em direção à faixa de areia. Suzane encontra Daniel, que foi escondido de Marísia para a praia. Daniel insinua que Marísia e Flora tem um caso. A namorada estranha e parece incomodada com a fala do rapaz e Andreas diz ao casal que vai entrar no mar. As falas seguintes sugerem que a ideia de ir até a praia com a namorada sem que Marísia soubesse partiu de Daniel. O menino fuma um cigarro e oferece para Suzane fumar também. No parque a menina pergunta se Daniel gostou da pousada em que estava hospedado e o rapaz diz que o chuveiro não era tão bom, Suzane pede desculpa para o namorado e diz que foi o que ela conseguiu pagar. Suzane avista a mãe e pede para o namorado se esconder, quando Marísia e Flora se afastam dos filhos, Daniel retorna bravo e diz que a situação o fazia se sentir como bandido.

No quarto da menina, em sua residência, o casal se beija e, ao ouvir um barulho ela faz o menino se esconder, com medo de ser pega pelos pais. Daniel fica nervoso com a situação e passa a sugerir que a menina não se impõe para os pais e que é controlada por eles, que buscam incessantemente separar o casal com viagens. O menino sugere que Suzane diga aos seus pais que não viajará com eles para a Europa, mas a menina diz não ter como fazer isso, uma vez que a viagem seria em família. O menino novamente fica bravo por ser separado da amada e diz que Manfred e Marísia não respeitam a filha e que ela se submete a eles.

No julgamento, de modo irônico, Suzane diz se referindo à cena descrita: *"Nossa, coitado"* e menciona que teve medo de perder o namorado e que durante a viagem ficou com muita saudade e sempre tentava ligar para ele. Ao chegar de viagem, Suzane vai ao encontro do namorado com vários presentes. No quarto o namorado abre os itens e diz: *"Eita, olha só a camiseta. Como você sabia que eu queria?"*. Suzane sorrindo diz: *"Você pediu, né?"*. As falas mostram que Daniel pedia as coisas para Suzane e ela dava a ele. O rapaz diz à namorada que tentou se matar enquanto ela estava fora e mostra o furo na parede, supostamente causado por um tiro. O menino diz que não era fácil ter os pais da namorada contra ele e que ele ficou muito angustiado com a distância da amada. Além de retratar um relacionamento abusivo e dependência emocional, a cena traz elementos típicos de violência psicológica, exercida por Daniel sobre Suzane.

Ao não obter a nota desejada em um simulado de vestibular em decorrência das aulas que deixou de frequentar para ficar com Daniel, Suzane se mostra decepcionada. Aos pais ela diz que acertou 70% e, ao ser cobrada pelo pai, ela demonstra a sua insatisfação. Manfred então diz que a filha havia mudado a partir do momento que começou a se relacionar com Daniel. A menina que até o momento não havia esboçado se sentir cobrada ou pressionada, passa a aceitar e compartilhar da visão de Daniel sobre seus pais e sobre si mesma – de alguém controlada pela família. Para o juiz Suzane diz que Daniel começou a jogar ela contra o pai, que passou a ter raiva e ódio de Manfred. Suzane, portanto, se estabelece como mulher tão facilmente manipulável a ponto de acatar do outro a visão sobre si mesma e sobre seus familiares. Caso típico de relacionamentos tóxicos em que o agressor busca separar a vítima de sua rede de apoio e de seus familiares para facilitar o controle exercido sobre ela.

Centralizado com fundo preto aparece a legenda: *UM ANO ANTES DO DIA*. Suzane aparece com um gabarito na mão, ansiosa. O namorado vai ao encontro da menina que chorando diz não saber como contar aos pais que não conseguiu nota suficiente para se classificar para a segunda fase da faculdade que o pai queria que ela fizesse. Daniel tenta consolar a menina, mencionando que agora eles terão mais tempo livre para ficarem juntos. Embora parecesse aflita com a reação dos pais, a cena que se segue evidencia que Manfred e Marísia não ficaram tão decepcionados com a menina, pois a presenteiam com um carro. A menina fica agradecida pelo presente e dá um beijo no rosto do pai. Daniel que também está na cena parece apartado dos demais, distante e fica com a cara fechada frente à situação.

Suzane mata aula do curso de graduação para ficar com o namorado, ela conversa com Nadja que diz visualizar a menina sendo juíza e prendendo gente ruim – a fala chega a ser irônica se considerarmos que Suzane está em um tribunal, mas não como juíza, e sim como ré. A menina vai para a oficina do namorado e diz que sua mãe ligou para Nadja, que a encobertou. Daniel diz que Marísia sempre liga e Suzane diz que a mãe tem razão, já que não dá pra ficar perdendo aula sempre. Suzane tenta frequentemente defender os pais da percepção que Daniel possui deles.

Com os pais, na sala de jantar, a menina diz que precisará fazer a prova final. Manfred em tom de desaprovação concorda com a decisão do professor, deixando claro que quem não frequenta a aula não deve ter regalias. A menina fica nervosa com a fala do pai e anuncia que irá para casa de Daniel. Marísia pede para que a filha fique para que ambas possam assistir a um filme juntas, mas ela diz que quer dar um beijo em Nadja e que o clima tinha pesado. Manfred nervoso diz que a filha que ele tinha criado estava irreconhecível. Marísia pede para que o esposo não discuta com a filha no Dia das mães. O marido ignora o pedido da esposa e comunica que seguiu a filha e que sabia que ela havia ido à casa do namorado ao invés de frequentar as aulas. A menina fica brava enquanto Manfred diz que Daniel levará Suzane para o fundo do poço e que ela não conseguirá se reerguer. Marísia alerta que a menina está cega por Daniel e Suzane justifica que ama o namorado e a família dele. As palavras proferidas por Manfred e Marísia em tom de alerta para a filha se constituem como uma revelação do futuro da menina que, em sua versão, foi coagida a participar da morte dos pais.

Por fim, no calor da briga Manfred diz que Daniel não estava interessado em Suzane, mas em seu dinheiro. Suzane discorda. Manfred proíbe os filhos de ver Daniel. Furiosa Suzane diz que continuará a frequentar a casa de Daniel, que irá ver Nadja no Dia das mães e Astrogildo no Dia dos pais uma vez que eles eram seus pais. Manfred agride fisicamente Suzane com um tapa no rosto. A menina parece assustada e em choque, o que indica que ela não sofria agressões com frequência. Manfred de imediato se mostra arrependido e pede desculpa para a filha, que sai de cena gritando que o odeia.

A sequência de cenas indica que Suzane não era submissa aos pais e que não tinha receio de enfrentá-los quando ela não concordava com as decisões ou julgamentos deles. A menina, portanto, não era constantemente controlada, com suas vontades e anseios negados. O modo como a produção retrata Suzane nesse filme é radicalmente distinta do primeiro – em que a menina parecia ter medo dos pais. Nessa abordagem, em relação a Daniel, Suzane aparece como alguém sugestionável, gentil, calma, tímida e subserviente, buscando agradá-lo constantemente. Já o relacionamento com os pais é modificado quando ela se envolve com Daniel, ela passa a ser mais rebelde, impaciente, mentirosa, deixa de focar nos estudos, passa a consumir drogas e chega a preferir ficar com a família de Daniel que a encoberta constantemente.

A menina vai para a casa do namorado e chorando diz que fugiu de casa e que gostaria de morar lá, com a família do namorado. Suzane menciona que o pai ameaçou deserdá-la. Astrogildo e Daniel se olham e o pai do menino diz que qualquer juiz ajudaria a mãe a recuperar a filha de modo rápido, apontando que a menina não poderia morar com eles. O olhar de Daniel e Astrogildo manifesta uma provável preocupação em a menina perder acesso ao dinheiro de seus pais. Astrogildo pede para a menina ter calma pois o casal logo iria casar e tudo aquilo ia acabar. Daniel a leva para o quarto e seu pai diz: "*Cuida dessa menina, viu? Ela é de ouro.*". A fala final do patriarca da família Cravinhos novamente sugere há interesse de ordem econômica em manter o namoro de Daniel e Suzane.

Para o juiz, Suzane diz que o namorado a aconselhou a reagir, a responder, para que Manfred e Marísia parassem de mandar nela. Segundo ela, o namorado disse que ela precisaria enfrentar os pais para conseguir o que queria. A menina enfatiza a dependência emocional que tinha com o namorado, dizendo que para ela era Deus no céu e Daniel na Terra, que ela já não sabia viver sem o amado. Em determinado momento do relacionamento, a visão de Daniel passou a ser a visão de Suzane, eles eram um, isto é, eram Daniel, e a desaprovação do namoro que atingia Daniel se refletiu em Suzane como aprisionamento, controle. O que parece é que, ao se envolver com Daniel, Suzane passou a ter uma visão distorcida sobre os pais, uma cegueira (como Marísia havia explicitado), e a família, que outrora era unida, carinhosa e amorosa, se torna seus algozes, seus silenciadores.

De novo com a sua família, a menina anuncia que depois do ocorrido decidiu terminar o namoro com Daniel. Os pais se mostram surpresos, mas Marísia diz que, após as mentiras contadas pela filha, era difícil acreditar nela. Suzane reafirma o fim do relacionamento e Manfred eufórico pede para Marísia trazer um vinho para eles comemorarem. Manfred de modo afetuoso segura a mão da filha e diz que ele sabia que a filha ia se dar conta de que aquele relacionamento era um erro. A cena seguinte mostra que Suzane não havia terminado com o namorado. Ela menciona para o amado, para Cristian e Daniel que os pais irão ficar um mês fora do país, na Europa. Todos em cena fumam maconha e consomem bebidas alcóolicas.

A menina, em depoimento, diz que no mês que os pais viajaram, Daniel se tornou morador de sua casa, como se fosse parte da família. Segundo Suzane, foi nesse mês que passou na casa dos Richthofen que Daniel conheceu o funcionamento da casa, a disponibilidade dos cômodos e todos os detalhes da família e da casa. As cenas mostram Daniel se divertindo com Andreas, uma festa na piscina com Cristian e outros amigos, o casal transando no quarto dos pais de Suzane. A menina ainda conta ao juiz que sempre mentia para a mãe, a fim de poder se encontrar com Daniel e, com ele, se drogar. Suzane revela que já não ficava mais lúcida, que o consumo de entorpecentes era constante. Algumas cenas mostram o casal chapado em diferentes lugares, a fim de confirmar a fala da menina. Suzane tece uma explicação para o juiz, a fim de mostrar que foi o uso de drogas que a fez aceitar participar do assassinato dos pais.

Ainda em depoimento, Suzane diz que Daniel começou a mencionar que a vida sem Manfred e Marísia seria melhor, que eles seriam mais felizes e que não precisariam mais mentir e nem manter o relacionamento em segredo. As cenas que sucedem mostram o desequilíbrio mental da garota, causado pelo abuso do uso de entorpecentes, ao intercalar algumas falas que Suzane ouviu no decorrer do filme, simulando uma alucinação. Na alucinação a menina parece ponderar quem estava certo, seus pais sobre Daniel ou Daniel sobre seus pais.

No tribunal, com um enquadramento nas mãos da menina que segura um terço e tem as unhas esmaltadas no estilo "francesinha" – que geralmente remete à pessoa meiga e comportada –, a assassina diz que atualmente ela tem ciência do tamanho das loucuras, mas que antes confiava cegamente no namorado e lhe obedecia sem discutir. Suzane ainda revela, aos prantos, ter acreditado que Daniel queria matar seus pais por amor, mas que ela havia percebido depois de ser presa que era pelo interesse no dinheiro de sua família. Suzane se mostra acuada, triste e arrependida, fala ao juiz que tinha medo de ficar sem os pais, mas que no momento tinha Daniel e não queria perder o namorado. Mais uma vez Suzane afirma que agiu por amor e movida pelo receio de viver sem o namorado.

Nas representações de si, tanto Suzane quanto Elize afirmam ter agido pensando em outra pessoa. Elize, que participa efetivamente do documentário sobre seu crime, diz ter tomado decisões equivocadas por medo de ser separada de sua filha, reclamando para si características da "boa mãe" que faz de tudo para não ser apartada da prole. Suzane, que é interpretada por uma atriz, também agiu pelo medo, medo de ser separada do amado, se caracterizando como mulher passional, cujos sentimentos pelo namorado eram tão fortes que ela optou por perder os pais.

Sobre a definição das mulheres como mais sentimentais e menos racionais que os homens, Leal (2017, p. 193) menciona que:

> Na cultura ocidental, as mulheres têm sido definidas, historicamente, como seres emocionais. Tanto os sentimentos quanto o gênero feminino são considerados, no senso comum, e em parte do pensamento científico, entidades naturais, portanto, caóticas, irracionais e potencialmente perigosas. [...] As mulheres representariam riscos à ordem social por serem menos racionais que os homens.

Desse modo, as emoções que caracterizam as mulheres – embora em determinadas circunstâncias, como o sofrimento pela perda do amor/namorado e o amor maternal façam parte do ideal de feminilidade –, as associam com a periculosidade. Pois, sendo considerada menos racional, o controle de tais sentimentos, como a paixão, seria mais dificultoso. Portanto, as "emoções femininas" têm um caráter duplo, já que a mulher pode ser "boa" ou "má" a depender da situação e de qual emoção ela invoca.

No dia do assassinato, a menina liga para Daniel e fala que não quer mais matar os pais, ela parece transtornada. Daniel chega na casa de Suzane, ela entra em seu carro e lhe entrega os itens que ele pediu para cometer o crime. O rapaz pede para a namorada confiar nele. Na versão da criminosa, Cristian é relutante em aceitar fazer parte do plano do irmão. Suzane diz, em depoimento, que Daniel havia dito ao irmão que ele poderia ficar com as joias e o dinheiro que eles pegariam para simular o roubo. A fala da menina infere que Cristian aceitou participar do ato que vitimizaria Manfred e Marísia após saber que poderia ficar com os itens que seriam subtraídos da casa.

Centralizado na parte inferior da tela aparece *O DIA*. No tribunal, o juiz pergunta à menina como havia sido seu dia e ela afirma que tudo ocorreu normalmente, ela foi para a faculdade, para a casa do namorado, levou o irmão ao inglês e depois foi ao shopping para comprar seu presente de aniversário. De acordo com Suzane, para ela era outra quarta-feira normal, pois ela não sabia que o namorado tinha planejado matar seus pais naquele dia. A cena seguinte revela que Suzane foi coagida por Daniel, que disse: *"Su, tem que ser hoje, senão você vai me perder. Não tem como ser diferente. Preciso que você fique tranquila, tá?"*. O filme aponta que Daniel usava a chantagem emocional para conseguir o que queria de Suzane – o sexo, o assassinato dos pais.

Há também uma quebra da quarta parede e Suzane, olhando para a câmera se justifica: *"Eu não questionei, eu só obedeci."*. A cena em questão deixa claro que Suzane era controlada pelo namorado, que para não o perder ela acatou a decisão que Daniel tomou sozinho. Já em outra cena, para o juiz ela diz que não quis detalhes sobre como o crime aconteceria, que ela só aceitou que faria parte daquilo. Suzane se descreve como alguém que não teve vontade própria, que agiu de acordo com o direcionamento do namorado, como alguém em transe, não foi capaz de impedir o ato criminoso.

Visualmente alterada pelo uso da maconha, é a menina quem dirige o carro para a casa dos pais. Para o juiz ela alega que estava tão "maconhada" que não estava nem entendendo o que estava acontecendo. Aqui Suzane parece querer retirar de si toda a culpa que lhe foi conferida, uma vez que ela não tinha ciência do que estava acontecendo devido ao elevado consumo de drogas, que ela não quis saber detalhes de como o crime aconteceria. Vale lembrar que mesmo contrariada ela forneceu os meios para que Daniel e Cristian entrassem em sua casa e matassem seus pais, bem como algumas ferramentas que os irmãos precisariam para o crime. Suzane é retratada como uma pessoa atordoada, perdida, mas ao comando do namorado ela adentra em sua residência e verifica se os pais estão dormindo e volta para chamar os assassinos. Após guiar os irmãos até o quarto, a menina desce as escadas e bagunça a casa a fim de simular um assalto. A cena a constrói como mulher perturbada, que arranha a parede e em frente ao espelho repete diversas vezes, como se estivesse tentando se convencer: *"Foi um assalto"*.

Um corte enquadra a menina no tribunal, que chorando fala: *"Eu sei. Eu sei. Eu sei que Daniel conta uma história completamente diferente, que ele fala coisas horríveis sobre mim. E sobre meus pais. Mas meus pais... meus pais eram pais maravilhosos. Eu não sei, eu não sei, eu não sei, como eu pude me deixar levar pelo Daniel"*. Suzane chora e suspira. De volta para a cena do crime, a menina que parece perdida sai do escuro e vai em direção ao espelho que está com uma luz avermelhada. Ela coloca as mãos no espelho e se olha. A menina olha para o reflexo do namorado e pergunta se eles já haviam acabado.

Na última cena do filme podemos ver uma configuração extremamente parecida com a última cena do filme *A menina que matou os pais*, entretanto aqui, mesmo proferindo os mesmos dizeres, a mulher não parece ser cruel, parece estar confusa, desorientada e sob o efeito de drogas. A justaposição de imagens, de acordo com efeito Kuleshov[12], pode modificar a percepção que espectador possui, isto é, uma cena parecida mudará de sentido a depender do que transmitido na cena anterior. No primeiro filme, a sequência anterior à exibição de Suzane em frente ao espelho se referia ao espancamento que culminou na morte de Manfred e Marísia; já o segundo filme mostra Suzane em um episódio de desespero, de descontrole emocional, que a humaniza e não a faz parecer uma mulher fria.

Para finalizar, a série se encerra com os dizeres sobre a condenação conferida aos envolvidos é colocado da mesma forma como no primeiro filme e, em uma cena pós-créditos há uma chamada para assistir ao filme *A menina que matou os pais*. Nela, Daniel diz: *"Meu nome é Daniel Cravinhos de Paula e Silva. Ela sempre me dizia que pensava e planejava a morte dos pais. Eu ainda não achava que Suzane tinha me usado. Mas ela me usou"*. A música *Love Will Tears Us Apart* começa a tocar e mais créditos aparecem.

---

[12] O efeito Kuleshov diz respeito à mudança na interpretação de uma imagem de acordo com a sequência que é mostrada. Isto é, a percepção de uma cena depende da construção fílmica. Sendo assim, a mesma cena pode suscitar compreensões distintas conforme a cena que a antecede e a sucede.

CONSIDERAÇÕES FINAIS

A presente pesquisa teve a intenção de se estabelecer como um estudo fílmico sobre algumas produções que retratam mulheres assassinas de casos reais. Para isso, se pautou na análise dos filmes *A menina que matou os pais* e *O menino que matou meus pais*, que consideraram o caso Richthofen, e a série *Elize Matsunaga: Era uma vez um crime* que abordou o caso Matsunaga. Para além da análise fílmica à luz das teorias de Pierre Sorlin e de Paulo Menezes, foi preciso realizar um estudo sobre a criminologia feminina e feminista, a fim de entender, de modo sociológico, as imagens construídas das assassinas que embasaram a narrativa fílmica.

De acordo com Mendes (2017, p. 157), a criminologia deixa as mulheres à margem, "de maneira que, no discurso criminológico competente atual, a mulher surge apenas em alguns momentos. Mas no máximo, como uma variável, jamais como um sujeito". A autora afirma que o sistema penal exerce uma função disciplinadora que visa a manutenção da subordinação feminina. As mulheres, na perspectiva da autora supracitada, não são controladas pelo sistema penal, mas são custodiadas por ele. Ambas as assassinas tiveram penas altas pelos seus crimes e, a isso, associamos a tentativa dos operadores do direito em mostrar que no Brasil a justiça é feita, sobretudo quando a vítima desfruta de alto poder aquisitivo.

Um aspecto importante da existência de produções audiovisuais sobre crimes reais é seu aspecto mercadológico, a exploração dos crimes e, nesse caso, das assassinas, não cessa com a pena estabelecida. Os crimes que embasaram os filmes e a série aqui analisados aconteceram em 2002 (Richthofen) e 2012 (Matsunaga), mas continuaram a despertar o interesse da população e dos produtores/cinegrafistas. O acompanhamento da vida de Elize e Suzane continuou após suas respectivas liberdades condicionais – algumas notícias sobre ambas circularam nas redes sociais e, até mesmo, em programas matinais de emissoras de televisão, como a notícia sobre Elize ser motorista de Uber, ou sobre a gravidez de Suzane.

Ademais, a semelhança entre a classe econômica das vítimas e dos assassinos permite notar que, habitualmente, os crimes que chocam o país e possuem repercussão midiática são os que são cometidos contra pessoas ricas. Em ambos os casos analisados as vítimas desfrutavam de elevado poder aquisitivo e prestígio social, Marcos era empresário e herdeiro de uma das maiores indústrias alimentícias do país, Manfred era um engenheiro da Dersa, empresa de desenvolvimento rodoviário, e Marísia era psiquiatra.

Outro fato relevante é que Elize e Daniel não pertenciam a mesma classe das pessoas com que se relacionavam e, como evidenciado pelo documentário e pelos filmes, eram diminuídos – pelo próprio marido, no caso de Elize, e pela família da namorada, no caso de Daniel. A análise fílmica permite perceber que alguns discursos buscaram estabelecer uma ligação dos assassinatos com a chegada de outsiders, isto é, pessoas que não pertenciam ao mundo dos ricos e que adentraram na vida das vítimas, deturpando suas respectivas histórias e aniquilando suas vidas.

O estudo de mulheres assassinas e tudo que as envolve, como as produções fílmicas, apresenta um obstáculo principal que dificulta a análise: a dualidade presente nas mulheres, em especial às mulheres assassinas. As criminosas são retratadas: 1) como astutas, cruéis, frias e maléficas; 2) como incapazes, sugestionáveis e passionais. As mulheres classificadas na primeira caracterização tendem a ser desumanizadas, masculinizadas e demonizadas; por outro lado, as mulheres que se situam no segundo polo tendem a ser vistas de modo inferiorizado, como incapazes de exercer a própria vontade, sendo influenciadas por outra pessoa, geralmente homens.

As características atribuídas às mulheres assassinas são antagônicas e se firmam como polos opostos. De todo modo, a mulher criminosa deixa de ser um sujeito e um indivíduo e se transforma em outra coisa, a depender da situação, do crime e da pessoa que vitimiza. A pesquisa intentou verificar se as produções consideradas rompiam com o imaginário social da mulher assassina ou o corroboravam.

Podemos inferir que o documentário sobre Elize faz uma tentativa de reumanizar a assassina condenada, mostrando suas fragilidades, suas inseguranças e receios, bem como sua relação familiar amorosa com a tia e a avó. Além disso, Elize reclama para si a categoria socialmente valorizada da "boa mãe" que age em detrimento da preocupação com o seu bebê. Ela deixa evidenciado que as ações que sucederam a morte do marido foram fundamentadas na preocupação/desespero da possibilidade de ser afastada de sua filha. Destarte, apesar de se mostrar arrependida pelo crime que cometeu, a mulher se mostra em paz com o passado – como quem acredita que pagou pelo seu crime quando ficou aprisionada e foi afastada de sua menina. Ou seja, a mulher mostra que sua verdadeira pena, seu

ASSASSINAS EM CENA

maior castigo pelo crime, foi ser privada e impedida de ter contato com a filha que tanto desejou.

É válido mencionar que aqui não existe a pretensão fazer um julgamento moral dos crimes, nem das assassinas. O objetivo é realizar a análise fílmica para compreender como as mulheres assassinas são retratadas no filme e, consequentemente, na sociedade brasileira, pois as produções cinematográficas podem ser consideradas como documentos para o estudo da sociedade em um definido tempo sócio-histórico. Os filmes são, segundo Sorlin (1985), um meio de interferência das relações simbólicas sobre as relações concretas e, para a análise, devemos considerar os filmes como expressões ideológicas, sendo que a ideologia é tida como um conjunto de pensamentos e crenças que são compartilhados por determinada sociedade em um contexto sócio-histórico.

Analisando as duas versões fílmicas do assassinato dos Richthofen, é possível notar diferentes construções da imagem da mandatária do assassinato dos pais, enfatizadas pela mudança na atuação da atriz que a representa. Segundo a versão de Daniel, embora Suzane seja a principal culpada pelo assassinato dos pais, em vários momentos ela aparece como desequilibrada, instável, louca, manipuladora e fria, ou seja, o filme reforça a ideia de mulher criminosa que é cruel, egoísta, com problemas psicológicos, drogada e sedutora que se afasta dos atributos socialmente valorizados no "ser mulher" – a maternidade, o cuidado, o matrimônio, a pureza, a castidade e a docilidade. Na versão de Daniel, Suzane o seduziu e o usou para executar o plano elaborado por ela.

Já na versão contada por Suzane ela é emocionalmente dependente e age por amor ao namorado, podendo ser entendida como frágil e sugestionável. Aqui outra característica das mulheres assassinas se faz presente, isto é, a mulher que é cruel apenas quando é influenciada por outra pessoa. Nesse filme as características tipicamente femininas, como o amor e o cuidado, não são retiradas da assassina, são elevadas ao extremo, pois é o amor e o cuidado pelo namorado que a levam a ajudá-lo no assassinato dos próprios pais. Além disso, no filme *O menino que matou meus pais*, de modo semelhante a Elize Matsunaga, Suzane busca se reumanizar, mas o faz a partir da religião – uso do terço em seu julgamento.

Ainda com as narrativas diversas, observa-se que nenhum dos filmes rompe com a imagem socialmente construída sobre mulheres assassinas, corroborando a perspectiva social da mulher que é ou inatamente má e indiferente à crueldade do assassinato ou a mulher sugestionável, que age a partir da influência negativa de outra pessoa. Isto é, a mulher descaracterizada das características socialmente atribuídas à feminilidade, que será desumanizada, e a mulher que age por sujeição do outro, que não possui vontade própria.

Outro aspecto analisado nas produções é o relacionamento das mulheres criminosas com as vítimas. Ambas argumentaram enfaticamente que sofriam de alguma forma, seja física ou psicologicamente. Segundo Almeida (2001, p. 172), "o ato criminoso cometido pela mulher visa primeiro a transgredir a ordem de si mesmo, controlada por determinações externas e internas, que produzem um sentimento de impotência de ordem moral e física, igualando-a à imagem da mulher frágil e submissa".

Elize aponta que o marido era autoritário e violento de diferentes maneiras e em diversos momentos, a atingindo física, emocional e psicologicamente, sendo, inclusive, o que teria a levado ao seu limite. Ela também relata que o comportamento do cônjuge se transformou com o tempo, uma vez que no começo do relacionamento ele não exteriorizava essa característica violenta. Já Suzane reclama do controle e intromissão excessiva dos pais em sua vida, do autoritarismo com o qual a tratavam, o que a fazia se sentir presa dentro dessa relação familiar. Com isso, as narrativas utilizadas pelas criminosas nas produções audiovisuais almejam não apenas justificar o crime, mas também gerar identificação e comoção em quem assiste.

Elize Matsunaga levanta uma questão no final do último episódio, onde propõe uma reflexão sobre a inversão dos papéis no caso, em que ela seria a vítima e Marcos o assassino. Na concepção da mulher, o empresário não seria punido como ela foi e não seria assediado pela mídia, já que ela seria mais uma dentre tantas outras mulheres vítimas de assassinato e feminicídio. A provocação da assassina evidencia certo descaso e desinteresse da mídia quando as vítimas são mulheres, sobretudo mulheres não famosas.

Como exemplificação, podemos citar os casos que vitimaram Eliza Samúdio e Eloá. O assassino de Eliza Samúdio, um jogador de futebol, foi condenado, mas o incômodo da população com o assassinato parece não ter sido persistente, uma vez que ele acumula mais de 100 mil seguidores no Instagram, tendo o perfil verificado pela rede social, e atuou novamente como jogador profissional de futebol. Já Eloá teve seu sequestro e assassinato transmitidos ao vivo pela rede televisiva, a menina de 15 anos foi assassinada pelo ex-namorado, aqui a comoção pública se centrou nos momentos de aflição e confinamento de Eloá e não no assassino e no crime cometido. Com isso se evidencia que as mulheres assassinas despertam maior interesse midiático pós-crime, tendo suas vidas acompanhadas e controladas não apenas pelas instituições que de certa forma são responsáveis por isso, como a prisão, mas pela sociedade de modo geral.

Por fim, a pesquisa aqui realizada pretende tornar possível novas abordagens na construção de imaginários sobre o feminino, considerando que o cinema e o audiovisual possuem um rico potencial analítico para a construção de tais imaginários. Além disso, é preciso questionar como a imagem da mulher criminosa é construída, já que a concepção da mulher que comete crimes ora inviabiliza os crimes por elas cometidos, ora as constroem de modo ambivalente (ou incapazes, não dotadas de vontade própria, discernimento e excessivamente passionais, ou inatamente cruéis), visando a garantir que a compreensão do crime não seja corrompida por pré-noções já estabelecidas pela sociedade, que por meio de diversas instituições buscam controlar os corpos femininos.

REFERÊNCIAS

ADORNO, Theodor. A indústria cultural. *In*: COHN, Gabriel. **Comunicação e indústria cultural**. São Paulo: Nacional: Editora da Universidade de São Paulo, 1971.

ALMEIDA, Rosemary de Oliveira. **Mulheres que matam**: universo imaginário do crime no feminino. Rio de Janeiro: Relume Dumará, 2001.

BÍBLIA. Português. **Sagrada Bíblia Católica**: Antigo e Novo Testamentos. Tradução de José Simão. São Paulo: Sociedade Bíblica de Aparecida, 2008.

BOURDIEU, Pierre. Sobre o poder simbólico. *In*: BOURDIEU, Pierre. **O poder simbólico**. Rio de Janeiro: Editora Bertrand Brasil, 1989.

BOURDIEU, Pierre. **Sobre a televisão**. Rio de Janeiro: Jorge Zahar, 1997.

BOURDIEU, Pierre. **A distinção**: crítica social do julgamento. Porto Alegre: Zouk, 2017.

BOURDIEU, Pierre. **A dominação masculina**. Rio de Janeiro: Best Bolso, 2018.

BRASIL. Ministério da Justiça. **12º Ciclo - INFOPEN**. Secretaria Nacional de Políticas Penais, 2022. Disponível em: https://www.gov.br/depen/pt-br/servicos/sisdepen/relatorios-e-manuais/relatorios/relatorios-analiticos/br/brasil-junho-2022.pdf. Acesso em: 9 jan. 2023.

BRASIL. Ministério da Justiça. **Formulário Categoria e Indicadores Preenchidos**. Secretaria Nacional de Políticas Penais, 2022. Disponível em: https://www.gov.br/depen/pt-br/servicos/sisdepen/relatorios-e-manuais/relatorios/relatorios-analiticos/br/brasil-jun-2012.pdf. Acesso em: 9 jan. 2023.

BRASIL. Ministério da Justiça. **Levantamento Nacional de Informações Penitenciárias**. Secretaria Nacional de Políticas Penais, 2022. Disponível em: https://www.gov.br/depen/pt-br/servicos/sisdepen. Acesso em: 7 jan. 2023.

BUTION, Denise Catricala; WECHSLER, Amanda Muglia. Dependência emocional: uma revisão sistemática da literatura. **Est. Inter. Psicol.**, Londrina, v. 7, n. 1, p. 77-101, jun. 2016. Disponível em: http://pepsic.bvsalud.org/scielo.php?script=sci_arttext&pid=S2236-64072016000100006&lng=pt&nrm=iso. Acesso em: 9 nov. 2023.

BUTLER, Judith. Corpos que pesam: sobre os limites discursivos do sexo. *In:* LOURO, Guacira Lopes (org.). **O corpo educado**: pedagogias da sexualidade. Belo Horizonte: Autêntica, 2000. p. 110-125. Disponível em: https://repositorio. ufsc.br/bitstream/handle/123456789/1230/Guacira-Lopes-Louro-O-Corpo-E-ducado-pdf-rev.pdf?sequence=1&isAllowed=y. Acesso em: 18 out. 2022.

BUTLER, Judith. Os atos performativos e a constituição do gênero: um ensaio sobre fenomenologia e teoria feminista. **Chão da Feira**, Caderno n. 78, p. 1-16, 2018. Disponível em: https://chaodafeira.com/wp-content/uploads/2018/06/caderno_de_leituras_n.78-final.pdf. Acesso em: 27 set. 2022.

CASOY, Ilana. **Arquivos serial killers**: Louco ou Cruel? e Made in Brazil. Rio de Janeiro: Darkside Books, 2017.

CORDEIRO, Marta. Aparências que contam: a aparência como ferramenta de avaliação social. **Domínios da Imagem**, [*s. l.*], v. 8, n. 15, p. 5-29, 2014. Disponível em: https://ojs.uel.br/revistas/uel/index.php/dominiosdaimagem/article/view/20630. Acesso em: 24 jul. 2023.

EMIDIO, Thassia Souza; HASHIMOTO, Francisco. Poder feminino e poder materno: reflexões sobre a construção da identidade feminina e da maternidade. **Colloquium Humanarum**, [*s. l.*], v. 5, n. 2, p. 27-36, 2008. Disponível em: https://journal.unoeste.br/index.php/ch/article/view/289. Acesso em: 24 jul. 2023.

EMIDIO, Thassia Souza. **Diálogos entre feminilidade e maternidade**: um estudo sob o olhar da mitologia e da psicanálise. São Paulo: Editora Unesp, 2011. ISBN 9788539301768 Disponível em: http://hdl.handle.net/11449/113694. Acesso em: 24 jul. 2023.

FEDERICI, Silvia. **Calibã e a Bruxa**: Mulheres, Corpo e Acumulação Primitiva. São Paulo: Elefante, 2017.

FÓRUM BRASILEIRO DE SEGURANÇA PÚBLICA. **Anuário Brasileiro de Segurança Pública 2022**. São Paulo: Fórum Brasileiro de Segurança Pública, 2018. Disponível em: https://forumseguranca.org.br/wp-content/uploads/2022/06/anuario-2022.pdf?v=5. Acesso em: 13 dez. 2022.

FOUCAULT, Michel. O sujeito e o poder. *In*: DREYFUS, Hubert L.; RABINOW, Paul. **Michel Foucault, uma trajetória filosófica**: para além do estruturalismo e da hermenêutica. Rio de Janeiro: Forense Universitária, 1995.

GIDDENS, Anthony. **Modernidade e identidade**. Rio de Janeiro: Jorge Zahar Ed., 2002.

GOFFMAN, Erving. **Manicômios, prisões e conventos**. São Paulo: Perspectiva, 1987.

GOMES, Cema Cardona. **Psicopatia e agressividade em mulheres apenadas**. 2010. Dissertação (Mestrado em Psicologia Clínica) – Universidade do Vale do Rio do Sinos, [s. l.], 2010. Disponível em: http://www.repositorio.jesuita.org.br/handle/UNISINOS/2905?show=full. Acesso em: 1 set. 2020.

KIMMEL, Michael. **A sociedade do gênero**. Petrópolis: Vozes, 2022.

KRAMER, Heinrich.; SPRENGER, James. **O martelo das feiticeiras**. 30. ed. Rio de Janeiro: Rosa dos Tempos, 2020.

LAURETIS, Teresa de. A tecnologia do gênero. *In:* HOLLANDA, Heloisa Buarque de (org.). **Tendências e Impasses**: o feminismo como crítica da cultura. Rio de Janeiro: Rocco, 1994. p. 206-242.

LEAL, Jackson da Silva. A mulher e o sistema penal: de vítima a infratora e a manutenção da condição de subalternidade. **Caderno Espaço Feminino**, Uberlândia, v. 27, n. 2, p. 221-245, 2014. Disponível em: http://www.seer.ufu.br/index.php/neguem/article/download/26449/16392. Acesso em: 6 set. 2021.

LEAL, Tatiane. A mulher emocional: potências e riscos da feminilidade no discurso jornalístico. **RuMoRes**, [s. l.], v. 11, n. 21, p. 191-208, 2017. Disponível em: https://www.revistas.usp.br/Rumores/article/view/122149. Acesso em: 3 dez. 2023.

LOMBROSO, Cesare; FERRERO, Gugliemo. **A mulher delinquente**. Curitiba: Antônio Fontoura, 2017.

LOURO, Guacira Lopes. Pedagogias da sexualidade. *In:* LOURO, Guacira Lopes (org.). **O corpo educado**: pedagogias da sexualidade. Belo Horizonte: Autêntica, 2000. p. 4-24. Disponível em: https://repositorio.ufsc.br/bitstream/handle/123456789/1230/Guacira-Lopes-Louro-O-Corpo-Educado-pdf-rev.pdf?sequence=1&isAllowed=y. Acesso em: 18 out. 2022.

MATOS, Raquel; MACHADO, Carla. Criminalidade feminina e construção do gênero: Emergência e consolidação das perspectivas feministas na Criminologia. **Aná. Psicológica**, Lisboa, v. 30, n. 1-2, p. 33-47, jan. 2012. Disponível em: http://www.scielo.mec.pt/scielo.php?script=sci_arttext&pid=S0870-82312012000100005&lng=pt&nrm=iso. Acesso em: 1 set. 2020.

MENDES, Soraia da Rosa. **Criminologia feminista**: novos paradigmas. São Paulo: Saraiva, 2017.

MENEZES, Paulo. Representificação: as relações (im)possíveis entre cinema documental e conhecimento. **Revista Brasileira de Ciências Sociais** [online], [s. l.], v. 18, n. 5, p. 87-98, 2003. Disponível em: https://www.scielo.br/j/rbcsoc/a/mWKqhBTPtjkVsQSSnjdkp5J/?format=pdf&lang=pt. Acesso em: 4 jul. 2022.

MUCHEMBLED, Robert. **Uma história do diabo**: séculos XII – XX. Rio de Janeiro: Bom Texto, 2001.

MURARO, Rose Marie. Breve Introdução Histórica. *In:* KRAENER, Heinrich. **O martelo das feiticeiras**. 30. ed. Rio de Janeiro: Rosa dos Tempos, 2020. p. 15-31.

NUNES, Silvia Alexim. Afinal, o que querem as mulheres? Maternidade e mal-estar. **Psicologia Clínica**, [s. l.], v. 23, n. 2, p. 101-115, 2011. Disponível em: https://www.scielo.br/j/pc/a/zdgTVQcDQzsFZCxnrGtW6db/?format=pdf&lang=pt. Acesso em: 23 jul. 2023.

ODIN, Roger. Filme documentário, leitura documentarizante. **Significação**: Revista De Cultura Audiovisual, [s. l.], v. 39, n. 37, p. 10-30, 2012. Disponível em: https://www.revistas.usp.br/significacao/article/view/71238/74234. Acesso em: 4 jul. 2022.

PERROT, Michelle. Escrever uma história das mulheres: relato de uma experiência. **Cadernos Pagu**, n. 4, p. 9-28, 1995.

PRECIADO, Paul Beatriz. **Manifesto Contrassexual**. São Paulo: n-1 edições, 2014. Disponível em: https://joaocamillopenna.files.wordpress.com/2017/08/preciado-paul-b-manifesto-contrassexual.pdf. Acesso em: 10 nov. 2020.

QUEVEDO, Jéssica Veleda. O monstro que há nela - breve análise biopsicossocial do perfil de assassinas em série do sexo feminino. *In*: CONGRESSO INTERNACIONAL DE CIÊNCIAS CRIMINAIS DA PUCRS, 9., Porto Alegre. **Anais** [...]. Porto Alegre: PUCRS, 2018. Disponível em: https://editora.pucrs.br/acessolivre/anais/congresso-internacional-de-ciencias-criminais/assets/edicoes/2018/arquivos/73.pdf. Acesso em: 1 set. 2020.

RAGO, Luzia Margareth. **Os prazeres da noite**: prostituição e códigos da sexualidade feminina em São Paulo (1890-1930). 1990. Tese (Doutorado em História) – Universidade Estadual de Campinas, Campinas, 1990. Disponível em: https://repositorio.unicamp.br/acervo/detalhe/50386. Acesso em: 2 jul. 2023.

ROSSI, Túlio Cunha. **Uma sociologia do amor romântico no cinema**: Hollywood, anos 1990 e 2000. 1. ed. São Paulo: Alameda, 2014.

RUSSEL, Jeffrey B.; ALEXANDER, Brooks. **História da bruxaria**. 2. ed. São Paulo: Aleph, 2019.

SÃO PAULO. Tribunal de Justiça. 5ª Vara do Juri da Capital. **Sentença do processo nº C.569/12**. Data da Sentença: 05 dez. 2016, Publicação: Plenário 10 do Complexo Judiciário Ministro Mário Guimarães. Disponível em: https://www.conjur.com.br/dl/elize-matsunaga.pdf. Acesso em: 17 ago. 2022.

SCHECHTER, Harold. **Serial Killers**: anatomia do mal. Rio de Janeiro: DarkSide, 2013.

SCOTT, Joan. Gênero: uma categoria útil de análise histórica. **Educação & Realidade**, [*s. l.*], v. 20, n. 2, 2017. Disponível em: https://seer.ufrgs.br/index.php/educacaoerealidade/article/view/71721. Acesso em: 18 out. 2022.

SHECAIRA, Sérgio Salomão. **Criminologia**. 8. ed. rev. São Paulo: Thomson Reuters Brasil, 2020.

SIMMEL, Georg. **Filosofia do amor**. São Paulo: Martins Fontes, 1993.

SORLIN, Pierre. **Sociologia del Cine**. México: Fondo de Cultura Económica, 1985.

STOCKER, Pâmela Caroline; DALMASO, Silvana Copetti. Uma questão de gênero: ofensas de leitores à Dilma Rousseff no Facebook da Folha. **Estudos Feministas**, Florianópolis, v. 24, n. 3, 2016. Disponível em: https://periodicos.ufsc.br/index.php/ref/article/view/46743/32489. Acesso em: 24 jul. 2023.

TAYLOR, C. **Multiculturalismo**. Lisboa: Instituto Piaget, 1998.

TELFER, Tori. **Lady Killers**: assassinas em série. Rio de Janeiro: Darkside Books, 2019.

WEIGERT, Mariana de Assis Brasil; CARVALHO, Salo de. Criminologia Feminista com Criminologia Crítica: Perspectivas Teóricas e Teses Convergentes. **Revista Direitos e Práxis**, Rio de Janeiro, v. 11, n. 3, p. 1783-1814, 2020. Disponível em: https://www.scielo.br/j/rdp/a/J38D6fZ7QztDVmjDhsR3N8c/?lang=pt. Acesso em: 2 set. 2021.

WPB. World Prison Brief. **World Prision Brief data**– Female prisoners. Brasil: WPB, 2020. Disponível em: https://www.prisonstudies.org/country/brazil. Acesso em: 6 set. 2021.

FILMOGRAFIA PRINCIPAL

A MENINA que matou os pais (Original). Direção de Maurício Eça. Produção de Marcelo Braga. Brasil: Amazon Prime Video, 2021. (85 min).

ELIZE Matsunaga: Era Uma Vez um Crime (Original). Direção de Elize Capai. Produção de Boutique Filmes. Brasil: Netflix, 2021. (201 min).

O MENINO que matou meus pais (Original). Direção de Maurício Eça. Produção de Marcelo Braga. Brasil: Amazon Prime Video, 2021. (87 min).